租税理論研究叢書 23

税制改革と消費税

日本租税理論学会 編

法律文化社

はしがき

　本学会の第24回大会は，2012年10月20日（土），21日（日）の両日，白鷗大学東キャンパスで石村耕治会員を大会幹事として行われた。シンポジウムのテーマは「税制改革と消費税」であった。

　シンポジウムの冒頭，醍醐聰氏による「消費税の宿罪」の特別報告があり，その後小山登会員より「消費税法における未経過固定資産税の取り扱いに関する会計的考察」，長島弘会員より「消費税の法的本質から見る財務諸表表示の問題点」，奥谷健会員より「消費税における『対価性』」，梅原英治会員より「財政赤字，デフレーション，消費税」，湖東京至会員より「消費税を法人事業税・付加価値割と合体する提言」，関野満夫会員より「現代ドイツの売上税（付加価値税）の改革をめぐって」の諸報告が行われた。

　以上の諸報告を受けて，活発な討論が行われた。

　また，シンポジウムとは別に，一般報告として本村大輔会員より「国税徴収法39条における第２次納税義務と詐害行為取消権の関係性」，犬飼久美会員より「退職金課税の起源と変遷」，髙橋円香会員より「証券化ビークルの課税実態に関する会計的分析」の諸報告が行われた。

　本号は，以上の報告と討論を収録するものである。

　次号は「格差是正と税制」の予定である。

　2013年４月

日本租税理論学会事務局

目　次

はしがき

Ⅰ　特別報告

消費税の宿罪 …………………………………… 醍醐　　聰　3
　——逆進性と転嫁の問題を中心に——

Ⅱ　シンポジウム　税制改革と消費税

1 消費税法における未経過固定資産税の
　　取り扱いに関する会計的考察 …………… 小山　　登　19

2 消費税の法的本質から見る
　　財務諸表表示の問題点 …………………… 長島　　弘　30
　　——仕入税額控除制度等の問題点を契機として——

3 消費税における「対価性」………………… 奥谷　　健　50

4 財政赤字，デフレーション，消費税 …… 梅原　英治　65

5 消費税を法人事業税・付加価値割と
　　合体する提言 ……………………………… 湖東　京至　79

6 現代ドイツの売上税（付加価値税）の
　　改革をめぐって …………………………… 関野　満夫　90
　　——軽減税率の機能と廃止案の検討を中心に——

7 討 論 税制改革と消費税………（司会）安藤実・望月爾 106
（討論参加者・発言順）
畑山　紀，小山　登，長谷川一弘，粕谷幸男，長島　弘，浦野広明
奥谷　健，後藤和子，梅原英治，鶴田廣巳，武石鉄昭，宮入興一
湖東京至，黒川　功，関野満夫，本村大輔

Ⅲ　一般報告

国税徴収法39条における第2次納税義務と詐害行為取消権の関係性 …… 本村　大輔 133
――昭和34年国税徴収法改正議論及び
　債権法改正議論における両者の趣旨・成立要件を手がかりに――

退職金課税の起源と変遷 …… 犬飼　久美 146

証券化ビークルの課税実態に関する会計的分析 … 髙橋　円香 160

日本租税理論学会規約

日本租税理論学会役員名簿

■執筆者紹介（執筆順）

醍醐　　聰	（だいご・さとし）	東京大学名誉教授
小山　　登	（こやま・のぼる）	LEC会計大学院教授
長島　　弘	（ながしま・ひろし）	自由が丘産能短期大学専任講師
奥谷　　健	（おくや・たけし）	広島修道大学准教授
梅原　英治	（うめはら・えいじ）	大阪経済大学教授
湖東　京至	（ことう・きょうじ）	元静岡大学教授
関野　満夫	（せきの・みつお）	中央大学教授
本村　大輔	（もとむら・だいすけ）	日本大学大学院法学研究科博士課程
犬飼　久美	（いぬかい・くみ）	立命館大学大学院法学研究科博士課程
髙橋　円香	（たかはし・まどか）	明治大学助教

I 特別報告

2012年10月20日　第24回大会（於：白鷗大学）

消費税の宿罪——逆進性と転嫁の問題を中心に——

醍 醐 聰
（東京大学名誉教授）

　本稿では，消費税の宿罪といえる負担の逆進性と転嫁の不確定性を理論的実証的に掘り下げて検討する。そこでは消費税の2つの逆進性対策——給付付き税額控除と軽減税率——のいずれも，税の所得再分配機能と財源調達機能の相克に直面すること，目下，逆進性対策の軸に据えられている軽減税率の採用は消費税の転嫁にも深刻な問題を派生させることを明らかにする。

I　負担の逆進性——実証方法と実証結果——

　消費税の宿罪として負担の逆進性を挙げることに異論はほとんどない。しかし，逆進性の実証方法は論者によって必ずしも一様ではなく，実証結果にもばらつきがある。
　財務省がホームページに掲載している「収入階級別の実収入と税負担額」は総務省統計局『家計調査（勤労世帯）』平成20年，を基に年間収入十分位階級ごとの実収入に対する消費税負担額を推計したものである。それによると，第Ⅰ分位（平均実収入321万円）では消費税負担額は9万円で2.8％，第Ⅴ分位（同551万円）では13万円で2.4％，第Ⅹ分位（同1,181万円）では23万円で1.9％となっている。
　これに対して，八塩・長谷川（2008）は『国民生活基礎調査』を基礎資料として，各世帯の2007年の年間課税品目消費額を推計し，税率5％で消費税負担額を等価所得階級Ⅹ分位別に算定している。それによると，第Ⅰ分位の所得階級では平均世帯所得（74.8万円）に対する消費税負担額の割合は11.9％となるのに対し，第Ⅹ分位の所得階級では1.4％に過ぎなかったとしている。そこでいま，第Ⅰ分位階級の消費税負担率に着目すると，財務省が示したこの階級の消費税

負担率と八塩・長谷川が提出した消費税負担率の食い違いは主に次の3つの要因から生じたといえる。

1つは，負担率を計算する時の分母として財務省が実収入を用いているのに対し，八塩・長谷川（2008）は各階級の平均世帯所得を用いているという違いである。ここでの「実収入」とは，勤労や事業からの現金収入（税込み）を合計したもの，および世帯外から移転された収入を意味する。そこで，八塩・長谷川（2008）が用いた年間所得（ここでは給与所得と仮定）を所得控除率から逆算して総収入（年間収入）に還元すると，第Ⅰ分位階級の平均年間収入は116.5万円，平均消費税負担額は8.9万円，平均実収入比の平均消費税負担率は7.6％となる。

しかし，これでもなお，財務省の公表値と八塩・長谷川（2008）の試算値に大きな開き（2.8％対7.6％）が残る。そのわけは，財務省が勤労世帯，八塩・長谷川（2008）が全世帯を対象にしているからである。また，勤労世帯といっても『家計調査』には「2人以上の世帯のうちの勤労世帯」，「単身世帯のうちの勤労世帯」，さらに「総世帯のうちの勤労世帯」の3種類のデータが掲載されている。財務省の公表資料には「勤労世帯」としか明記されていないが，数値の突き合わせから判断して「2人以上の世帯のうちの勤労世帯」である。しかし，どの世帯構造の勤労世帯を選ぶかで実収入に大きな開きがあり，実収入対比で逆進的な消費税負担率にかなりの差が生じる。財務省が使った「2人以上の世帯のうちの勤労世帯」の平均実収入は641万円であったのに対し，「単身世帯のうちの勤労世帯」の平均実収入は421万円となっており，両者の間には220万円もの開きがある。つまり，財務省が示した家計の消費税負担率は3種類の勤労世帯の中では負担率が最も低くなる「2人以上の世帯のうちの勤労世帯」を選んだ結果であることに留意する必要がある。

財務省と八塩・長谷川（2008）が示した消費税負担率に大きな開きが出た3つ目の理由は，非課税・不課税支出の抽出の仕方の違いである。消費税は消費支出のうち，税の性格から非課税とされるもの，社会政策的配慮から非課税とされるものを除いた消費支出に課税されるから，非課税・不課税支出項目をどのように選別するかが問題になる。

八塩・長谷川（2008）は，上村（2006）にならい，「家賃地代」，「保健医療サービス」，「授業料等」を非課税消費支出としている。上村（2006）は『家計調査』の10大費目分類（用途分類）に基づいて消費支出の課税・非課税の仕分をしているのだが，これは非常に雑駁かつ不正確である。たとえば，「住居」の分類では「家賃地代」だけでなく，「火災・地震保険料」も非課税項目である。また，「保健医療」の中で非課税支出は「保健医療サービス」（医科・歯科診療代，整骨・接骨鍼灸院治療代等）だけでなく，保険診療に係る医薬品代も非課税である。その他，上村（2006），八塩・長谷川（2008）では，自動車保険料，冠婚葬祭費，外国パック旅行費，保育料，介護サービスなど非課税項目とすべき項目が見落とされている。これについて上村（2006）は「本稿で考慮する以外の非課税取引がある」が，「『家計調査』にて消費金額〔正しくは，「非課税取引」：引用者注〕を把握できるのは，ここで掲げられた「家賃地代」「保健医療サービス」「授業料等」に限定される」と記している。しかし，これは誤りである。なぜなら，『家計調査』に収録された「品目別1世帯当たり1か月間の支出」を見れば，家賃地代，保険診療以外でも，自動車保険料，冠婚葬祭費，外国パック旅行費，保育料，介護サービスなどの非課税支出額が独立項目として記載されているからだ。

　この点で，八塩・長谷川（2008）の試算では消費税非課税支出の範囲が狭すぎ，その分，家計の消費税負担率を過大に計算していることになる。

II　家計における消費税負担率の推計

　以下では，総務省『家計調査』の最新版（2010年度調査）を用いて，年間収入階級別に1世帯の消費税負担率を推計することにする。消費税負担率の推計の仕方は次のとおりである。

各年間収入階級別1世帯の年間消費支出 − 年間非課税消費支出 ＝ 年間課税消費支出
年間課税消費支出 ÷ 1.05 ＝ 税抜き年間消費支出合計
税抜き年間消費支出合計 × 0.05 ＝ 年間消費税負担額
年間消費税負担額 ÷ 年間収入（または年間実収入）＝ 消費税負担率

I 特別報告

> * 各年間収入階級別1世帯の年間消費支出:原資料より既知
> * 年間非課税消費支出:消費税法第6条,別表第1,第2より,家賃地代,火災保険料,医薬品,保健診療に係る医科・歯科診療代,整骨(接骨)・鍼灸治療代,自動車保険料,授業料・教科書代,外国パック旅行費,保育所費用,介護料,冠婚葬祭費の合計

次に調査対象の世帯構造は,2人以上の世帯(年間収入を8階級に区分),そのうちの勤労世帯(同上),単身世帯(年間収入を7階級に区分),そのうちの勤労世帯(同上)の4類型とする。

試算の結果は図表1,図表2のとおりである。これを見ると,2人以上の世帯内では年間収入階級別に見て消費税負担の逆進性は明瞭に現れているが,勤

図表1 年間収入階級別の消費税負担額とその対平均年収比率(2人以上世帯)

(単位:万円)

年間収入階級		～200	200～250	400～450	600～650	800～900	1,000～1,250	1,250～1,500	1,500～
世帯全体	現行税率	6.2 (3.9%)	9.8 (4.3%)	12.5 (3.0%)	14.8 (2.4%)	18.1 (2.1%)	21.4 (1.9%)	22.4 (1.6%)	27.3 (1.4%)
	税率10%	11.9 (7.5%)	18.6 (8.2%)	23.8 (5.6%)	28.3 (4.5%)	34.5 (4.1%)	40.8 (3.7%)	42.8 (3.1%)	52.1 (2.6%)
うち勤労世帯	現行税率	6.0 (3.9%)	9.6 (4.3%)	11.4 (2.7%)	14.9 (2.4%)	18.8 (2.2%)	22.5 (2.0%)	23.0 (1.7%)	27.7 (1.6%)
	税率10%	11.4 (7.4%)	18.3 (8.2%)	21.7 (5.1%)	28.3 (4.6%)	36.0 (4.3%)	42.9 (3.9%)	43.9 (3.2%)	52.8 (3.0%)

(出所)総務省統計局『家計調査』2010年,より作成。各欄の上段は消費税負担額,下段は消費税負担額の対平均年収比。

図表2 年間収入階級別の消費税負担額とその対平均年収比率(単身世帯)

(単位:万円)

年間収入階級		～100	100～200	200～300	300～400	400～500	500～600	600～
世帯全体	現行税率	4.4 (6.1%)	5.3 (3.5%)	8.0 (3.3%)	8.5 (2.5%)	9.5 (2.1%)	11.2 (2.0%)	13.7 (1.7%)
	税率10%	8.5 (11.6%)	10.1 (6.7%)	15.3 (6.3%)	16.3 (4.7%)	18.1 (4.1%)	21.4 (3.9%)	26.1 (3.3%)
うち勤労世帯	現行税率	5.1 (7.6%)	4.9 (3.2%)	6.9 (2.8%)	7.5 (2.2%)	8.7 (2.0%)	11.2 (2.0%)	13.4 (1.7%)
	税率10%	9.8 (14.6%)	9.4 (6.1%)	13.2 (5.3%)	14.3 (4.1%)	16.7 (3.8%)	21.3 (3.9%)	25.5 (3.3%)

(出所)図表1と同じ。

労世帯とそれ以外の世帯の間で区分してみても，年間収入階級別の消費税負担額，負担率は極めて近似した逆進性を観察できる。

次に，単身世帯を見ると，そのうちの勤労世帯でもそれ以外の世帯でも年間収入100万円以下の世帯の消費税負担率が際立って高い点が2人以上の世帯の場合と違う特徴である。それ以外は，2人以上の世帯の場合と大差は見られない。ただし，2人以上の世帯の場合，年間収入の階級の刻みとして100万円以下の世帯という区分を設けて調査したなら，この階級の消費税負担率は単身世帯の年間収入100万円以下の階級の負担率に近い値になった可能性がある。

次いで，消費税率が10％に引き上げられた場合，年間収入階級別の消費税負担額と負担率はどうなるかを試算してみた。結果は**図表1**，**図表2**で示したとおりである。これを見ると，年間収入100万円以下の単身世帯の消費税負担率は，勤労世帯でもそれ以外の世帯でも，年間収入の10％を超えると推計される。他方，2人以上の世帯の年間収入1,500万円以上の階級では消費税の税率が10％へ引き上げられた場合でも消費税負担率は3％程度にとどまると推定される。年間収入の区分を3,000万円，5,000万円，1億円というように細分していけば，消費税負担率はさらに低減し，逆進性がより顕著になるはずである。

このように消費税負担率に明確な逆進性が生じる主な理由は，所得階級の低い世帯と高い世帯の平均消費性向（可処分所得のうち消費支出に充てる割合）にある。2人以上の世帯のうちの勤労世帯の平均消費性向は**図表3**で示されているように，収入階級が上位にいくほど顕著に下がる傾向が見られる。そのため，消費支出を課税ベースにした均一税率の消費税を課すと消費性向が高い低所得の世帯ほど年間収入に対する消費税の負担率が高くなるのである。

図表3　年間収入階級別の平均消費性向と基礎的支出の割合―2人以上の勤労世帯の場合―

(単位：万円)

	～200	200～250	400～450	600～650	800～850	1,000～1,250	1,250～1,500	1,500～
平均消費性向	85.0%	91.5%	79.5%	75.3%	72.4%	71.8%	60.3%	62.7%
基礎的支出の割合	70.2%	59.9%	56.7%	50.0%	44.4%	42.8%	39.8%	38.4%

(出所)　総務省統計局『家計調査』2010年による。「基礎的支出」の主なものは，食品，家賃，光熱費，保健医療サービス，等。

Ⅰ 特別報告

　消費税負担の逆進性を議論する時にはもう1つ，留意すべき点がある。それは収入階級が上位へいくほど，消費支出全体に占める基礎的支出（消費支出総額の変化率に対する当該費目の変化率を表す支出弾力性が1.00未満の費目のことをいい，1.00以上の費目を「選択的支出」と呼んでいる）の割合が低くなり，選択的支出の割合が高くなるという点である。図表3を見ると，年間収入200万円以下の階級では基礎的支出の割合70.2%であるのに対して，1,500万円以上の階級では38.4%で，両者には約32パーセント・ポイントの開きがある。そのために，高所得層では選択的支出の割合が高い分，消費支出の所得弾力性が相対的に高いのに対して，低所得層では基礎的支出の割合が高いため，消費支出の所得弾力性が相対的に低くなり，収入比での消費税の負担が逆進的になるのである。

Ⅲ　逆進性対策の実効性・実行可能性・副作用

1　給付付き税額控除の問題点

　給付付き税額控除は，景気変動に左右されにくいとされる消費税の財源調達機能を確保しながら，税負担の逆進性を緩和するのに有効な税制とみなされてきた。しかし，給付付き税額控除は，執行面での障壁に加え，税制と社会保障を一体化する点でも重大な欠陥・限界を免れない。

　1つは執行面での障壁である。つまり，年間所得額をベースにして税額控除なり給付額なりを算定するのであれば，それぞれの所得を執行機関が把握できていることが前提になる。しかし，『平成21年税務統計から見た申告所得税の実態』（国税庁調べ）によれば，所得のある個人23,673,901人のうち，申告納税額のある者はそのうちの30.3%に当たる7,176,061人に過ぎない。特に税額控除の対象になると考えられる低所得層として，たとえば，年間所得200万円以下の個人は13,115,730人で全体の55.4%に当たるが，このうち申告納税額のある者はその21.0%の2,756,821人に過ぎない。このように申告納税記録がない低所得層の所得の状況は共通番号（納税者番号）制度が導入されても正確に捕捉できるわけでないことは周知の事実である（岩田 2005）。なぜなら，平成12年の政府税調中期答申「わが国の税制の現状と課題—21世紀に向けた国民の参加と

選択」が指摘しているように，納税者番号制度を導入しても，たとえば，事業者の所得を把握するには，売上げや仕入れに関するすべての取引を取引の相手方の記録と照合する必要があるが，そのような作業はとうてい実行可能でないからである。

次に，消費税の逆進性を緩和する手段として給付付き税額控除を用いるのは，税制を社会保障の手段として使うことを意味する。給付付き税額控除を推奨する論者（藤谷 2009）は，本来別個の税制と社会保障を「一体化」するメリットとして，①行政コストを削減できる，②所得控除を税額控除に置き換えることによって，富裕層に不相応な恩典を与えている税制を解消できる，という点を挙げている。

しかし，①についていうと，給付付き税額控除を採用する場合にも，所得を正確に捕捉するために膨大な税務職員を要すること，無申告者の所得を捕捉するために必要とされる納税者番号制度の構築にも莫大なコストがかかることを指摘しなければならず，こうしたコストを上回るだけのメリットが得られるという証明はなされていない。また②の議論は現行の所得税における所得控除や社会保険料の逆進性を改めるのに，税額控除に切り替えることがなぜ唯一最善の方法かについて論証も実証もしていない。現行の所得控除の逆進性は所得控除制度それ自体の見直し——控除の上限設定や控除率の逓減制の採用等——でなぜやれないのか，国民健康保険料の逆進性は均等割や世帯割の比重を下げて所得割，資産割の比重を高めるよう保険料算定方式を見直すことでなぜやれないのか？　こうした疑問に給付付き税額控除推進論者は応答していない。

問題をさらに原点に戻して考えると，給付付き税額控除は歳入（税収調達）の段階で歳出まで決定する仕組みといえる。しかし，これは本来，毎年度の予算策定にあたって議会の審査を経て決定される歳出を議会のコントロールの外で執行することを意味し，財政民主主義の根幹である財政議会主義，租税法律主義，単年度予算主義と相容れない（渡辺 2008，藤谷 2009，鶴田 2011参照）。加えて，給付付き税額控除は「租税支出」(tax expenditure) という形で社会福祉を行うものであることから，多くの論者が指摘するように，租税特別措置と同様，財政の透明性を著しく後退させる（渡瀬 2008，近藤 2009参照）。こうした財

政民主主義の観点からも給付付き税額の問題点を十分に吟味する必要がある。

2　軽減税率の問題点

　食料など生活必需品に標準税率より低い税率を適用する軽減税率方式は給付付き税額方式と比べ，納税者ごとの所得を把握する必要がない点で簡易な逆進性対策とされる一方，軽減税率の適用対象の線引きが難しい，高額所得者にも負担軽減効果が及ぶ，といった難点があるとされてきた。実際，いざ施行となると軽減税率の適用範囲をめぐって際限のない論争が予想される。たとえば，食料といっても外食費を含めるのか除くのかで大きな違いがある。所得階級別に外食の割合が異なると同時に，世帯類型（2人以上か単身か）や各世帯のライフスタイルによっても外食の割合は大きく異なるからである。また，飲料水といっても清涼飲料水を含むのかどうか，あるいは，消費税増税に翼賛する論陣を張った全国紙が加盟する日本新聞協会は「知識に課税すべきでない」として新聞購読料に軽減税率を適用するよう求めているが，知識の提供というなら書籍はどうなのか，書籍といっても絵本やスポーツ新聞はどうなのかといった議論が延々と続くのは必至である。軽減税率の適用対象の線引き如何で類似品や代替品との間で不公平を生む恐れを否定できない。さらにいえば，国民のライフスタイルや価値観が多様化しているなかで，生活必需品の範囲を特定すること自体，至難である。

　もう1つ，軽減税率の採用に対して指摘しなければならないのは，税の所得再分配機能と，税の財源調達機能が自己撞着を免れないという点である。財務省が軽減税率の採用に難色を示すのはこの点からである。ちなみに，『全国消費実態調査』（2009年）に掲載された全世帯の家計支出のうちの食料，住居費（非課税取引の家賃地代を除く），光熱・水道費を生活必需的支出とみなして，それらに対する消費税を現行の5％に据え置くとしたら，消費税収はどの程度減収になるかを試算すると，**図表4**で示したように，食料から外食を除いた場合は約2兆1,893億円となる。これは政府が消費税率を10％へ引き上げることによって得られると見込む正味の消費税収12.5兆円（見込み税収総額13.5兆円から増税の跳ね返りで増加する政府調達コスト約1兆円を控除した金額）の約18％に当たる。

図表4　全世帯の生活必需品支出に軽減税率を適用（現行税率で据え置き）した場合の消費税の減収見込み額

	1世帯平均年支出額（税込み金額）①	1世帯平均年支出額（税抜き金額）②（=①/1.05）	1世帯平均消費税軽減額③（=②×0.05）	全世帯消費税軽減額③×総世帯数
食　料				
外食費を含めた場合	723,756円	689,291円	34,465円	1兆8,391億円
外食費を除いた場合	576,072円	548,640円	27,432円	1兆4,638億円
住居費	89,412円	85,154円	4,258円	2,272億円
光熱・水道費	196,080円	186,743円	9,337円	4,983億円
合計（減収見込み総額）				2兆1,893億円（2兆5,646億円）

(注)　「住居費」は非課税の「家賃・地代」を除いた金額。「合計（減収見込み額）」の括弧外は外食費を除いた「食料」支出に軽減税率（現行の5％のまま）を適用した場合の金額。括弧外は外食費を含めた場合の金額。総世帯数は、2010年3月末現在の5336.28万（総務省「住民基本台帳に基づく人口，人口動態及び世帯数」）。
(出所)　総務省『全国消費実態調査』2011年，より試算。

　加えて，軽減税率の採用は消費税の転嫁に深刻な問題を引き起こす。たとえば，食料に軽減税率が適用される場合を考えると，スーパーは食品加工メーカーや産地から食品，乳製品等を仕入れる際は標準税率10％で消費税を負担することになるが，販売に当たっては5％分しか価格に転嫁できず，その差5％分の消費税はいわゆる「損税」（売上にあたって購買者から「預かる」消費税よりも仕入段階で支払った消費税の方が大きくなり，その差額は事業者自らが「自腹を切る」納税）となってしまう。こうした損税は従来から指摘されてきた医療機関における「損税問題」を拡散させるものといえるので，節を改めて検討したい。

Ⅳ　転嫁の不確実性と「損税」問題

　わが国の消費税は取引の各段階で，それぞれの取引価額に消費税率を乗じた金額に課税する「多段階課税方式」を採用している。つまり，消費者に至るまでの各取引は消費税込みの価格でなされ，消費税は順次，価格に上乗せされ，財やサービスの購買者に転嫁されていく建前になっている。ただし，段階ごとに消費税込みの取引金額に消費税を上乗せすると消費税が累積し，重複して課

税されることになる。そこで，こうした税の累積を排除するため，各取引段階で販売事業者が納める消費税は，売上に係る消費税から仕入に係る消費税を控除した金額とされている。

しかし，消費税を「円滑かつ適正に転嫁するものとする」（税制改革法, 第11条）といっても，法律は消費税を上乗せした価格で製商品を販売する権利を事業者に与えたわけではないし，そうすべきという義務を課しているわけでもない。[3]この点でいうと，先の国会で成立した「消費税の円滑かつ適正な転嫁の確保のための消費税の転嫁を阻害する行為の是正等に関する特別措置法」は「消費税還元セール」等と称して取引の相手方に消費税を転嫁しない旨の表示をしたり，取引の相手方が負担すべき消費税に相当する額の全部または一部を対価の額から減じる旨の表示をしたりすることを禁じる条項を定めた（同法第3条各項）。

しかし，たとえば，仕入原価や物流コストの削減によって消費税相当額のコストを吸収するとして，広告表示なしに税込み価格を据え置いた（実質的には値下げ）としたら，消費税を転嫁しない価格設定には当たらない。そもそも，消費税増税推進論者も認めるように，消費税がコストの1つの要素として価格に溶け込み，市場メカニズムの中で事業者の創意で価格設定がなされる環境の下で消費税だけを取り出して価格に転嫁している，していないを識別できるわけではないから，「消費税率上昇分を値引きします」と表示するのは違法だが，「春の生活応援セール」と銘打った値下げなら問題ないなどと行政当局が解釈するのは荒唐無稽である。

そればかりか，行政は小売段階での消費税転嫁を厳格に実施させようとする一方で，親事業者と下請事業者間の取引においては消費税増税分のコストアップと双方「協議」の原価低減策をことさらに一体化させ，消費税増税分の親事業者への転嫁を事実上抑制させる行為を推奨するに等しい行政指導を行っていることを注視する必要がある。たとえば，中小企業庁が作成した「下請適正取引等の推進のためのガイドライン　ベストプラクティス集」（三訂版）では原材料などのコスト増加分をきちんと転嫁できるしくみは重要だが，国際競争力のなかでただ転嫁するのではなく，下請事業者と親事業者が改善提案を共有し，コストを低減するような生産性向上を図り，その成果を両者でシェアするよう

な関係を構築し，競争力を高めつつ，両者が適正利潤を得るような取引事例をベストプラクティスの1つに挙げている[4]。そうなると，たとえば，親事業者と下請事業者が消費税増税を受けて原価低減策を「協議」した結果，消費税増税分に相当するコストアップ要因と，双方の「協働」で達成された原価低減分を相殺して納入価格を据え置くことで双方が「合意」したと言われたら，親事業者の買いたたき（「下請代金支払遅延等防止法」第4条で禁じられた行為）で消費税の転嫁が拒否されたと申し立てるのは難しくなる。

　しかし，こうした行政の当事者「交渉」誘導策は，本来，親事業者と対等の立場で下請代金を交渉できるわけではない下請事業者を対等のパートナーと見立てて，法が意図した下請事業者の利益保護を，親事業者との「協議」，「合意」にすり替えるに等しい。公正取引委員会とともに下請法を所管する経産省が産業振興も所管するという利益相反——1つの行政省庁がブレーキとアクセルの両方を握り，実態は後者を優位に置く業界保護行政によって前者が形骸化されるという経済的強者本位の行政——がこうした帰結を生み出す元凶になっていることを銘記しなければならない。

　以上は，小売段階，下請取引段階での消費税の転嫁を阻害する要因の検討だった。次に，（標準税率での）課税取引と非課税取引が混在することによって生じる「損税」の問題を検討しておきたい。ここでは，その典型といえる保険医療機関の「損税」（控除対象外消費税）を取り上げる。

　周知のように保険診療サービスは非課税取引とされているが，医療機関が仕入れる医用機器や材料等の取引には標準税率で消費税が課されている。その結果，仕入段階で負担した消費税を売上価格に含めて転嫁し，回収することが制度的に不可能な状況が放置されている。これを簡単な数値例で説明しておく。

　今，ある医療機関の課税仕入が4億円，社会診療報酬（非課税売上）が9億円，自由診療報酬（課税売上）が1億円だったとする。ここで，消費税率が10％に引き上げられたとすると，仕入段階で負担した消費税は4,000万円となるが，売上段階で「預かる」消費税は課税売上1億円に対応する額，つまり1,000万円となる。その結果，納付すべき消費税は，600（＝1,000－4,000×0.1）となり，仕入段階で負担した消費税4,000万円のうちの400万円（課税売上に対応する分）

Ⅰ　特別報告

を除く分3,600万円（非課税売上に対応する分）は「控除対象外消費税」（いわゆる「損税」）となってしまうのである。

　これについて厚生労働省は，消費税創設時に0.76％，税率を5％に引き上げる際に0.77％，それぞれ診療報酬に上乗せして補填済みと説明してきた。しかし，医療機関の間からは，計1.53％の診療報酬引上げでは実損税率2.2％を補填できていない，その後の診療報酬のマイナス改訂で上乗せは帳消しになっている公算が大である，また，診療報酬の改定は計36項目に過ぎず，控除対象外消費税の補填となるよう公平に配賦されているとはいえないと反論し，非課税売上に係る消費税率をゼロとして売上に係る「預かり」消費税のうち，仕入段階で負担した消費税で相殺し切れない部分は還付の形で補填する「ゼロ税率方式」を求めている。

　では，消費税率を5％に据え置く品目を販売するスーパー事業者の場合はどうなるか？　この点を次のような簡単な設例で検討してみよう。なお，ここでは課税売上割合は95％未満で，一括比例配分方式で仕入控除税額を計算するものとする。

【設例】　軽減税率対象品の取引が混在した場合の消費税の転嫁
　あるスーパーの消費税増税（10％へ引上げ）後の1年間の仕入（すべて標準税率適用）は5億円，売上は計10億円，うち標準税率適用分が4億円，軽減税率（5％で据え置き）適用分が6億円だったとする。

納付すべき消費税（万円）：
40,000×0.1＋60,000×0.05－50,000×4/10×0.1＋5,000×6/10×0.05＝3,500
控除対象外消費税： 5,000－3,500＝1,500

　こうした控除対象外消費税（いわゆる損税）が生じないようにするには，仕入段階で負担した消費税のうち，事業者が売上段階で「預かる」消費税で相殺し切れない分は別途，控除対象外消費税として還付請求ができる仕組みに改める必要がある。

　このように見てくると，一部の消費支出に軽減税率を採用する逆進性対策は，逆進性対策それ自体に種々の限界や副作用を内包しているばかりでなく，消費税の転嫁の次元でも軽視できない歪みを生み出すことを銘記しなければならない。

注
1) たとえば，単身世帯の最上位の年収階級（600万円以上）では外食費が食料費総額の52.6％を占めているのに対して100万円未満の階級では19.4％にとどまる（『家計調査』平成24年，品目分類，第12表より）。
2) 以上，高田具視（2004），第3章を参照。
3) 判例上も，「消費税法が事業者から消費者にその税金の適正な転嫁がなされることを予定しているということはできるが，同法が消費者に事業者に対する消費税の支払義務を課したものとか，若しくは事業者に消費者に対する私法上の請求権として転嫁請求権を認めたものとまでは解することが出来ない」（大阪地裁，平成2年8月3日第20部判決）とするものがある。
4) こうした行政指導の詳細については，醍醐（2012）108～119頁を参照されたい。

参考文献
岩田陽子「納税者番号制度と金融所得課税」『調査と情報』国立国会図書館，2005年3月
上村敏之「家計の間接税負担と消費税の今後」『会計検査研究』2006年3月
大竹文雄・小原美紀「消費税は本当に逆進的か」『論座』2005年12月
金子宏『所得概念の研究』有斐閣，1995年
金子洋一「カナダの GST 控除の概要」森信茂樹編著『給付付き税額控除―日本型児童税額控除の提言』中央経済社，2008年所収
鎌倉治子「諸外国の付加価値税（2008年版）」国立国会図書館調査及び立法考査局，調査資料，2008-3-a，2008年
吉良実「消費税の転嫁と消費者保護」『阪南論集』（社会科学編）1992年9月
高正臣「消費税の転嫁請求権について」『税制研究』2009年2月
湖東京至『消費税法の研究』信山社出版，1999年

I　特別報告

近藤俊之「租税特別措置の見直し・透明化に向けた今後の課題―国税の租税特別措置を中心に」『経済のプリズム』2009年11月
白石浩介「家計における消費税の負担水準」『税研』2010年11月
醍醐聰『消費増税の大罪』柏書房，2012年
高田具視「食料品等に対する軽減税率の導入問題」『税大論叢』第46号，2004年6月
鶴田廣巳「給付付き税額控除をめぐる論点」『立命館経済学』2011年3月
21世紀政策研究所研究プロジェクト『抜本的税制改革―安心社会の建設と経済活性化の両立を』21世紀政策研究所，2008年，各論編Ⅱ（土居丈朗稿）
能勢哲也「消費税の転嫁について」『商大論集』1958年11月
橋本恭之「消費税の逆進性とその緩和策」『会計検査研究』2010年3月
藤谷武史「給付付き税額控除と『税と社会保障の一体化』?」『新世紀法政策学研究』2009年
宮島洋『租税論の展開と日本の税制』日本評論社，1986年
森信茂樹『抜本的税制改革と消費税―経済成長を支える税制へ』大蔵財務協会，2007年
森信茂樹『日本の税制―何が問題か』岩波書店，2010年
八塩裕之・長谷川裕「わが国会計の消費税負担の実態について」『ESRI Discussion paper』No. 196，内閣府経済社会総合研究所，2008年7月
山本守之・守之会『判例・裁決例等からみた消費税における判断基準』中央経済社，2005年
渡辺智之「所得税はマイナスになりうるのか？―いわゆる『給付つき税額控除』の問題点」『租税研究』2008年9月
渡瀬義男「租税優遇措置―米国におけるその実態と統制を中心として」『レファレンス』2008年12月
Murphy, Liam & Nagel, Thomas, *The Myth of Ownership, Tax and Justice*, 2002, Oxford University Press, Inc. (L. マーフィー／T. ネーゲル著，伊藤恭彦訳『税と正義』名古屋大学出版会，2006年）

＊　本稿は日本租税理論学会第24回大会で行った特別報告に基づくものであるが，紙幅の制約で報告のかなりの部分を割愛した。また，脱稿が大幅に遅れたため，その間に生じた関連事象に係る検討を追加した。筆者の出稿の大幅な遅れのため，他の執筆者各位，ならびに本誌編集委員各位に多大なご迷惑をお掛けしたことを深くお詫びする。

Ⅱ　シンポジウム

税制改革と消費税

2012年10月20・21日　第24回大会（於：白鷗大学）

1 消費税法における未経過固定資産税の取り扱いに関する会計的考察

小 山 登
(LEC 会計大学院)

はじめに

　企業は日々民事契約等に基づき会計行為を遂行している。企業が行う会計行為の中に，固定資産の取得に係る付随費用の支出行為がある。本稿では，この付随費用の額が，固定資産の取得価額を構成するか否かの問題点について，会計理論からのアプローチおよび税務会計学からのアプローチという2つの視点から会計的考察を行いたい。具体的には，企業が所有していた土地および家屋(以下「中古不動産」という)を売却する際に，当該中古不動産に係る固定資産税の未経過分(以下「未経過固定資産税」という)を買主が負担する場合につき，取得価額の構成性に焦点を当て，会計理論の立場および税務会計学の立場から考察を行いたい。

I 固定資産の購入に係る付随費用について

1 会計理論からのアプローチ

　固定資産の購入に係る付随費用の取り扱いについて会計理論の考え方は，企業会計原則の貸借対照表原則(資産の貸借対照表価額)五Dに有形固定資産の評価として規定されている。この規定では「有形固定資産の取得原価には，原則として当該資産の引取費用等の付随費用を含める。」とされている。さらに連続意見書第三の四固定資産の取得原価と残存価額の項目で，「1 購入　固定資産を購入によって取得した場合には，購入代金に買入手数料，運送費，荷役費，

据付費,試運転費等の付随費用を加えて取得原価とする。但し,正当な理由がある場合には,付随費用の一部又は全部を加算しない額をもって取得原価とすることができる。」とされている。以上から,会計理論では,企業が固定資産取得に係る付随費用を負担した場合には,当該固定資産の購入代価に付随費用を加算した額をもって取得原価とすることになる。この資産購入に関し若杉明教授は,「取得原価の決定は,資産の種類によって若干相違してはいるが,一般的に資産を獲得して,経営目的のために利用もしくは費消する準備がととのうまでに要した諸支出の合計として把握される。」[1]と述べている。これにより,企業が取得した固定資産を将来にわたり企業経営に役立てるために,維持し管理運用する際固定資産の購入代価と同様に,固定資産の取得に係る付随費用の額も企業のステークホルダーである株主に対するアカウンタビリティー（会計責任）の範疇とされているのである。また,連続意見書で固定資産購入に際し負担した付随費用につき,その一部または全部を正当な理由がある場合には購入代価に加算しないこともできるとされている。これは,重要性の原則の適用により,会計担当者のフレキシブルな会計判断を許容していると思われる。この件について若杉教授は,購入した機械設備を自社の従業員や車輌等を用いて工場内に搬入し,据え付けを行う場合に,本来であれば従業員の工賃とか運搬費,さらに原材料費やその他の諸経費が発生するため詳細な原価計算が必要であるが,かえって当該諸費用の据付け作業分の割当て計算が煩雑になる場合が多いので,当該機械設備に付随費用を加算しない会計処理も必要であると指摘している。このようにして,会計担当者の会計判断により購入した固定資産の取得原価が決定され,この取得原価に基づき毎決算期ごとに費用配分の原則により減価償却が遂行され,財務諸表に記載される価額（帳簿価額・貸借対照表価額）が算定されることになる。

2 税務会計学からのアプローチ

減価償却資産の取得価額について法人税法施行令第54条に規定されている。この規定によれば,購入した減価償却資産の取得価額は当該資産の購入代価に引取運賃,荷役費,運送保険料,購入手数料,関税その他当該資産の購入のた

めに要した費用がある場合には，その費用の額を加算し，さらに当該資産を事業の用に供するために直接要した費用の額を加えた合計額とされている。また，非減価償却資産の取得価額の決定については，減価償却資産の規定を準用している（法人税基本通達7-3-16の2）。以上から資産の購入に関する取得価額の概念は会計理論と税務会計学は一致している。しかし法人税基本通達7-3-3の2で，固定資産の取得に関連して支出する費用の額であっても，固定資産の取得価額に算入しないことができる費用を例示している。その主な費用に租税公課等の額を掲げている。すなわち，不動産取得税又は自動車取得税，登録免許税その他登記又は登録のために要する費用等を例示している。このように税務会計学の視点から固定資産の取得に関して支出する租税公課等の一部に対し一時の損金として計上することを容認しているのである。税務会計学の根底には課税の公平理論の前提とされる実質課税の原則が存在し，この原則を背景に，例示した租税公課等の負担については，納税者が支出した時点で一時の損金に計上できるという有利な選択ができるよう税務会計学では配慮されているのである。

　これに対し，黒澤清教授は，有形固定資産の取得原価に算入されるべき要素として不動産取得税，据付費，試運転費等当該資産を経営上使用可能にするための直接の付帯費用の例示を行っている。このように，黒澤教授は会計理論の観点より，資産購入による取得原価に算入される費用として不動産取得税を例示している点は注目に値する。

II　税務事例の検討

　次に不動産売買に関し中古不動産に係る未経過固定資産税の負担を買主が行ったケースについて，税務会計学の立場より会計的考察を行いたい。

1　概　　略

　たとえば年の途中での中古不動産（土地・家屋）の売買（売主A法人・買主B法人）を想定する。

固定資産税は，毎年1月1日現在の土地・家屋・償却資産の所有者に対し，その固定資産が所在する市町村が課税する地方自治体の市町村税である。そのため年の途中で中古不動産の売買を行った場合に，その年の固定資産税の納税義務者は売主A法人であり，買主B法人には納税義務は無いことになる。そこで不動産実務では，不動産売買契約書の中に，特約条項等を設け中古不動産に係る固定資産税の負担調整を行う場合が多い。なお，毎年1月1日を固定資産税の賦課期日とすることに対し石島弘教授は，「固定資産税の賦課期日は1月1日とされているが，その理由は年の初日であって一般に固定資産の移動が少なく課税要件を固定するのに便利であること，年度当初（4月1日）に課税を実施するためには賦課期日以後に固定資産の調査，価格の決定，固定資産課税台帳の縦覧等の諸手続きを経由して課税要件を確定させるために相当の期間を必要とすること等の理由からだと言われている。[2]」と述べている。本来は市町村で中古不動産の売買に係る固定資産税の売主および買主の負担調整を行うべきであると考えられる。しかし現実には，固定資産税の負担調整は行われていないため，不動産実務で買主B法人が売主A法人より当該中古不動産の引き渡しを受けた日より12月31日分までを日割で計算した額を未経過固定資産税として，不動産売買の際，買主B法人は売主A法人に対し，支払を行うことが慣行となっている。次に買主B法人が負担する未経過固定資産税を巡り，税務会計学の立場より，固定資産取得に係る付随費用として取得価額を構成するか，あるいは租税公課として支出時の一時の費用として計上できるかという問題点につき会計的考察を行っていきたい。

2 現在の消費税法上の取り扱い

中古不動産の取得に係る未経過固定資産税に関して，消費税法における取り扱いについて検討したい。この件に関し，消費税法基本通達10-1-6で中古不動産の売主A法人が収受した未経過固定資産税について規定されている。つまり売主A法人が収受した未経過固定資産税の金額は，中古不動産の譲渡の金額に含まれ，消費税法上課税売上高に該当するとしている。すなわち，固定資産税の未経過分に対する租税公課としての清算ではなく，中古不動産の譲渡対価

の額を構成する取り扱いをしている。

　これは未経過固定資産税の金額を中古不動産の取得価額の修正額としてとらえているのである。これに対して、買主B法人では、負担した未経過固定資産税は、中古不動産の取得に係る付随費用として取得価額に算入されるのである。これは先に述べた法人税法上の取り扱いを受け、法人税基本通達7-3-3の2に規定される例示に未経過固定資産税が掲示されていないため、一時の費用に計上できず、会計理論の観点から取得価額に算入されることになる。取得した中古不動産の内、建物の取得価額及び建物に係る未経過固定資産税の金額は、取得価額を構成し消費税法上課税対象取引され、課税仕入として仕入税額控除の対象とされる。また、土地の取得価額及び土地に係る未経過固定資産税の金額は、消費税法上課税対象外取引（out of scope）とされ仕入税額控除の対象から除外される。

3　設例による検討

【設例】

　A法人所有の土地・建物を年の途中でB法人へ譲渡し、土地・建物の売買代金の授受および未経過固定資産税の清算を行った。詳細は次のとおりとする。

A法人の帳簿価額	［土地：6,000万円	建物：2,500万円］
A法人からB法人への譲渡価額	［土地：7,000万円	建物：3,000万円（消費税込）］
未経過固定資産税の清算金額	［土地部分　70万円	建物部分　30万円］

　まず、現行消費税法基本通達による税務会計学からの会計処理について考えてみたい。

〔A法人の会計処理〕　　　　　　　　　　　　　　　　　　　　（単位：円）

（土地譲渡）
　現　金　預　金　　70,700,000　／　土地譲渡収入　　70,700,000
　土地譲渡原価　　　60,000,000　／　土　　　　地　　60,000,000

（建物譲渡）　［税抜処理］

現 金 預 金	30,300,000	建物譲渡収入	28,857,143
		仮受消費税	1,442,857
建物譲渡原価	25,000,000	建　　　　物	25,000,000

〔B法人の会計処理〕　　　　　　　　　　　　　　　　　　　　（単位：円）

（土地購入）

土　　　　地	70,700,000	現 金 預 金	70,700,000

（建物購入）［税抜処理］

建　　　　物	28,857,143	現 金 預 金	30,300,000
仮払消費税	1,442,857		

　不動産売買で未経過固定資産税の清算を行うことについては，民事法に基づく契約書の中で特約条項等として規定することが不動産取引の慣行となっている。上記会計処理は，未経過固定資産税の清算金を現行の消費税法基本通達に基づき土地及び建物の売買価額の修正額と思考しているのである。このように未経過固定資産税の金額について，売買価額の修正額とすることが果たして税務会計学の観点より適正であるか次に検討していきたい。

4　実質課税の原則からの検討

　企業が行った会計行為に対し，税務当局は当該行為を税務行為としてとらえ，適正性の判断を行っている。税務当局は企業が行った会計行為を税務行為として思考する際，その税務行為に対し忠実に事実を把握するための事実認識プロセスが重要とされる。つまり，この事実認識プロセスとは税務行為として発生した事実を正確にとらえ，認識を行うことである。その結果，事実認定による事実の確定が遂行されることになる。この事実の確定を行う際，税務会計学で重要とされる原則に実質課税の原則（the Principle of Substance over Form）が挙げられる。この原則が税務行為に対する事実認識プロセスに影響を与えていると考えられる。実質課税の原則が事実認識プロセスで重要とされる意義について，税務事例研究を通じ明らかにしていきたい。

　富岡幸雄教授は，この原則を実質課税主義の原則としてとらえ，「納税者の実質的担税力に即して公平な課税を実現するため，課税所得の帰属者の決定お

よび課税所得の概念構成ならびに計測にあたっては，表見的事実にとらわれずに，課税要件事実の経済的実質に即応して行うべきことを要請する原則である。[3]」と述べている。このように実質課税の原則は，税務行為について課税の公平の見地から，事実認定による真実な事実の確定を行う際に重要な役割を担っているのである。

次に，実質課税の原則における「実質」という意義について検討したい。この「実質」という意義には二面性の問題が存在している。すなわち，法的実質主義の側面と経済的実質主義の側面という二面性が挙げられる。法的実質主義とは，税務会計学の視点から実質課税の原則に基づき税務行為を思考する場合，まず税務会計学の前段階に民事法等の契約関係が存在している。この点を重視し，税務行為に対し実質課税の原則からスポットを当てる立場である。つまり，民事契約等を前提にして税務行為の実質主義を思考する立場なのである。これに対し，経済的実質主義の側面が存在している。この主義は，税務行為の経済的効果のみに着目し，ここに担税力を見出す立場である。つまり，税務行為が成立している基礎的前提である私法上の民事契約等を全面的に否定し，その税務行為から経済的効果のみを抽出する立場である。

以上のように実質課税の原則に2つの側面が内在されているのである。税務行為に対し税務会計学の視点で，事実認定による真実な事実の確定を行うに際し，課税の公平の見地より実質課税の原則を適用することになる。その際，民事法による契約等が存在する税務行為であれば，まず当該契約等を前提とする法的実質主義の立場より検討することになる。当該契約が仮装行為等のような真実の取引について仮装され隠ぺいされた場合は，表面上の民事契約等を全面的に否定し，真実の事実関係を浮き彫りにし，その取引に存在する経済的効果を抽出し経済的実質主義の立場で税務当局は適正な課税を行うべきである。これに対し民事契約が仮装取引に該当しなければ，税務行為について法的実質主義の観点より実質課税の原則を適用すべきである。

次に先の税務事例について実質課税の原則の立場より検討を行いたい。中古不動産の売主A法人と買主B法人の間で適法な民事契約が締結され，特約条項等で未経過固定資産税の清算が規定されていることを想定する。

法的実質主義の立場から思考すると，民事契約による売買契約書で規定された未経過固定資産税の清算を行う点について，売主A法人及び買主B法人はともに確認し了承している。固定資産税の未経過相当額について，清算を行う意思表示を両法人は行っているのである。この認識のもと未経過固定資産税の金額の授受を行っており，中古不動産の売買代金の修正という認識のもと不動産取引を行っているものではない。このように実質課税の原則による法的実質主義の立場から検討すると，買主B法人が負担した金額は，あくまで固定資産税という租税公課であり支出時に全額費用として容認されるべきものであると思われる。

5 国税不服審判所の裁決事例

未経過固定資産税に対する法人税法上の取り扱いを巡り国税不服審判所で争われ，平成13年9月3日に裁決が出された事例がある。

この裁決事例は，納税者が土地の取得に際して売主に支払った固定資産税相当額について，納税者側は，経済的な実質を考慮すると，まさに固定資産税そのものであり不動産を維持管理するための経費であるので，損金の額に算入されるべきであり，法律上の納税義務者でないという理由だけで経費性のないものとして更正を行った原処分は，実質課税の原則に違背する違法な課税であると主張した。

これに対し税務当局側は，実際の不動産の売買に当たっては，売主が買主に固定資産税の負担を転嫁する場合が多いが，この場合に買主が負担する税額は，本来の納税義務者でないため税として市町村に納付されるものではなく，売買代金の別枠として表示された土地そのものの対価であり，固定資産の取得価額に算入すべき費用であるから，損金の額には算入できないと主張した。双方の主張に対し国税不服審判所は次の裁決を行った。

土地等の非減価償却資産についても土地に係る固定資産税に相当する金額は，法人税法第22条第4項で，同法施行令第54条を適用し，資産の取得のために実質的に欠かせない費用であるから，これを「資産の購入のために要した費用」として購入の代価に加算するのが相当であると判断し，税務当局の更正処

分は適法であるとする裁決を行ったのである。

この裁決事例について武田昌輔教授は,「この裁決はその負担額があまりに租税そのものかどうかにこだわっており,一般に公正妥当な会計処理の基準を忘れているのではないかと思われる。要するに本件については,その分担した固定資産税相当額は,固定資産税と同様にみることによって損金算入が認められることになる。課税するときには,拡大解釈をし,納税者における損金に関する費用については狭義に解釈するというのでは,バランスを欠く結果となる。これらについて,課税庁及び納税者の間の均衡のとれたものとなることを前提として,実質課税の原則の立法化を検討すべきものであると考える。[4]」と述べている。

6 本来あるべき税務会計学の視点

次に,上記 **3** で述べた設例について本来あるべき税務会計学の視点より会計処理について検討したい。今まで,未経過固定資産税の税務会計上の取り扱いについて,法的実質主義に基づく実質課税の原則より検討を行ってきた。その結果,買主B法人が負担する未経過固定資産税相当額は,税務会計学上租税公課として一時の費用に計上されるべきであり,消費税法上,租税公課の負担額であるため,課税仕入に係る仕入税額控除の対象に該当しない。つまり,課税対象外取引に該当すると考えるべきであると思われる。

では,A法人とB法人の本来であるべき会計処理について考えてみたい。

〔A法人の会計処理〕　　　　　　　　　　　　　　　　　　（単位：円）

（土地譲渡）
現　金　預　金　　70,700,000　／　土地譲渡収入　　70,000,000
　　　　　　　　　　　　　　　　　　雑　　収　　入　　　700,000

土地譲渡原価　　60,000,000　／　土　　　　地　　60,000,000

（建物譲渡）〔税抜処理〕
現　金　預　金　　30,300,000　／　建物譲渡収入　　28,571,429
　　　　　　　　　　　　　　　　　　仮受消費税　　　1,428,571
　　　　　　　　　　　　　　　　　　雑　　収　　入　　　300,000

建物譲渡原価　25,000,000　／　建　　　物　25,000,000

〔B法人の会計処理〕　　　　　　　　　　　　　　　　　　　　（単位：円）

（土地購入）
土　　　　地　70,000,000　／　現　金　預　金　70,700,000
租　税　公　課　　700,000

（建物購入）［税抜処理］
建　　　　物　28,571,429　／　現　金　預　金　30,300,000
仮　払　消　費　税　1,428,571
租　税　公　課　　300,000

　以上のように買主B法人が負担した未経過固定資産税を租税公課としてとらえることにより，特に建物購入のケースでは，租税公課は課税対象外取引とされるため，税抜処理を行った場合の仮払消費税計算から除外されることになる。

おわりに

　企業が行った会計行為を税務当局では税務行為としてとらえ，税務会計学の視点で適正な課税要件を検討することになる。その際，税務会計学では，納税者相互間における課税の公平を貫徹し税務問題を解決することを目的としている。ここに法的実質主義の視点から実質課税の原則を思考する必要性が存在しているのである。先に指摘したように未経過固定資産税の負担に関しては，実質課税の原則により租税公課として取り扱うべきだと考えられる。これにより，現行の消費税法基本通達10-1-6の規定は，実質課税の原則からは論理矛盾した規定であり，今後変更ないし廃止されるべきであると思われる。以上のように，税務会計学の観点から税務行為に対する事実認定による事実の確定を行う場合は，まず実質課税の原則に従って思考することが重要となるであろう。

　これに対し会計理論の観点から次の結論が導出される。つまり，固定資産の購入に際し買主が負担した未経過固定資産税は，購入に係る付随費用として取得する固定資産の取得価額を構成する。これは，企業が固定資産の取得に際し

支出する稼働前の一連の金額について，原則として資本的支出としてとらえ株主に対するアカウンタビリティー（会計責任）の理念により，固定資産の取得価額として資産管理を行う必要性からだと思われる。

以上のように，未経過固定資産税の会計処理を巡り会計理論および税務会計学の観点から考察してきたが，会計処理に対して相違点がみられるのは，それぞれの理念と目的が相違していることに依拠していると考えられる。

今後，様々な会計処理に関し会計理論と税務会計学で相違点が生起する場合には，何らかの調整を行うための規準が必要とされるであろう。

注
1) 若杉明『最新財務諸表論』（ビジネス教育出版社，2004）155頁。
2) 石島弘『不動産取得税と固定資産税の研究（租税法研究第3巻）』（信山社，2008）355頁。
3) 富岡幸雄『税務会計学原理』（中央大学出版部，2003）609頁。
4) 武田昌輔「利益処分・損金経理・実質課税の原則」月刊税務事例 Vol.38 No.11 (2006) 70頁。

参考文献
谷口勢津夫『税法基本講義』弘文堂，第2版，2011年
廣川昭廣『判例・裁決例にみる損金処理の税務判断―費用計上の適否及び時期』新日本法規出版，2012年
国税不服審判所裁決，平成13・9・3［裁決事例集 No.62, 249頁］
武田昌輔編著『DHC コンメンタール法人税法』第一法規，1979年
加藤盛弘ほか『会計学の基本』森山書店，2009年
吉田寛『社会責任―会計学的考察』国元書房，1978年
黒澤清『会計学の基礎』千倉書房，1997年

2 消費税の法的本質から見る財務諸表表示の問題点
―― 仕入税額控除制度等の問題点を契機として ――

長 島　　弘
（自由が丘産能短期大学・税理士）

はじめに

　消費税は一般に消費に広く薄く負担を求める税であると考えられている。この前提に立ち，消費税相当額の授受は一種の預かり金であるとして，会計処理の原則は，税抜経理によることとされている。しかしながら消費税は本当に預かり金なのであろうか。本稿は消費税の法的本質を検討することにより，税抜経理を原則としている点に問題がないかにつき，検討する。

I　消費税法の確認

1　税制改革法にみる租税負担者

　消費税はどのような性質を持つ法律であろうか。消費税導入時における税制改革法（昭和63年12月30日法律第107号）においてどのように規定されているかを，以下に見てみる。

（消費税の創設）
第10条　現行の個別間接税制度が直面している諸問題を根本的に解決し，税体系全体を通ずる税負担の公平を図るとともに，国民福祉の充実等に必要な歳入構造の安定化に資するため，消費に広く薄く負担を求める消費税を創設する。
2　消費税は，事業者による商品の販売，役務の提供等の各段階において課税し，経済に対する中立性を確保するため，課税の累積を排除する方式によるものとし，

2 消費税の法的本質から見る財務諸表表示の問題点

> その税率は，百分の三とする。この場合において，その仕組みについては，我が国における取引慣行及び<u>納税者の事務負担に極力配慮</u>したものとする。
> 3 消費税の創設に伴い，砂糖消費税，物品税，トランプ類税，入場税及び通行税を廃止する。
>
> （消費税の円滑かつ適正な転嫁）
> 第11条 事業者は，消費に広く薄く負担を求めるという消費税の性格にかんがみ，<u>消費税を円滑かつ適正に転嫁する</u>ものとする。その際，事業者は，必要と認めるときは，<u>取引の相手方である他の事業者又は消費者にその取引に課せられる消費税の額が明らかとなる措置を講ずる</u>ものとする。
> 2 国は，消費税の円滑かつ適正な転嫁に寄与するため，前項の規定を踏まえ，消費税の仕組み等の周知徹底を図る等必要な施策を講ずるものとする。
>
> （下線は筆者）

このように消費税法第10条第1項においては「消費に広く薄く負担を求める」と，消費者に納税義務がある点が明記されている。また同条第2項においては「課税の累積を排除する方式」と消費税の支払いが二重にならないような仕組みによる点，同条第3項においては「納税者の事務負担に極力配慮」と納税者の事務負担について「極力配慮」する旨が明記されている。

また第11条第1項においては，消費税の消費に広く薄く負担を求めるという性質から「消費税を円滑かつ適正に転嫁すべく，事業者は消費税相当額を適正に転嫁する旨が明記されている。また同項には，「取引の相手方である他の事業者又は消費者にその取引に課せられる消費税の額が明らかとなる措置を講ずる」と，取引において税額が明確に表示される方式がとられる旨が明記されている。そして同条第2項には，事業者が消費税相当額を適正に転嫁するための「必要な施策を講ずる」と，適正な転嫁のための方策がとられるべきことが明記されている。

このように，消費税導入時の税制改革法には，消費税が「消費に広く薄く負担を求める」税として，事業者が消費税相当額を後階取引への転嫁および前段階取引からの控除ができるものとして規定されている。

2 法規定構造および裁判例から見た租税負担者（転嫁の点から）

では消費税法ではどのように規定されているのであろうか。実は「転嫁」という文言は、消費税法では、附則（消費税法（昭和63年12月30日法律第百八号）の附則）第30条にあるのみである。あくまでも転嫁するための一定の共同行為については独占禁止法上これを適用しないとする同法の改正を規定する中に「転嫁」の文言が出てくるのみである。

（私的独占の禁止及び公正取引の確保に関する法律の適用除外等に関する法律の一部改正）
第30条　私的独占の禁止及び公正取引の確保に関する法律の適用除外等に関する法律（昭和22年法律第138号）の一部を次のように改正する。
附則を附則第1条とし、附則に次の1条を加える。
第2条　私的独占禁止法の規定は、事業者が消費税を取引の相手方に円滑かつ適正に転嫁するため、事業者又は事業者団体が、公正取引委員会規則の定めるところにより、公正取引委員会に届出をしてする次に掲げる共同行為（略）については、消費税法（昭和63年法律第108号）の施行の日から昭和66年3月31日までの間に限り、適用しない。ただし、一定の取引分野における競争を実質的に制限することにより不当に対価を維持し若しくは引き上げることとなるとき、不公正な取引方法を用いるとき又は事業者に不公正な取引方法に該当する行為をさせるようにするときは、この限りでない。
　1　事業者又は構成事業者が供給する商品又は役務に係る消費税の転嫁の方法の決定に係る共同行為（略）
（以下略）　　　　　　　　　　　　　　　　　　　　　　　　　　（下線は筆者）

税制改革法の規定にかかわらず、消費税法においては、事業者の後段階への消費税相当額の転嫁がまったく保証されていない仕組みとなっている。

では次に、この点、裁判例ではどのようになっているかを見ていく。

① 東京地裁平成14年4月18日判決

これは、取引先に消費税相当額を転嫁できなかった場合の消費税の納税義務に関する事案である。原告の平成7年から平成11年の課税期間の各消費税に対して、課税庁が各更正処分及び各過少申告加算税賦課決定処分をしたところ、原告は、消費者に消費税相当額を転嫁し得なかった取引についても消

費税を課税したものであること等を理由に，各処分の取消しを求めたものである。この事案では，納税者が取引先に対し一貫して外税方式によって代金を請求しており，消費税分を値引きした事実はまったくないにもかかわらず，取引先が「消費税など納める必要はない」と主張し，事業者の力関係で消費税を転嫁できなかったのであるが，裁判所はそのような場合でも，「契約で定めた対価以外に消費税相当額を請求し得ないとすると，それは，外税方式ではなく，内税方式で契約が成立したものというほかない」と判示した。すなわち，個々の取引においての事業者と消費者間での消費税相当額負担についての合意や，その合意に基づく消費税相当額の現実の支払いにかかわらず，消費税の納税義務は免れず，内税方式を前提とした納税義務を課すべきこととしたのであった。

② 最高裁平成11年7月19日判決（原審大阪高裁平成6年12月13日，大阪地裁平成5年3月2日判決）

消費税相当額のタクシー運賃申請が認可されなかった場合の納税義務に関する事案である。タクシー事業者であるM社らは，消費税導入当初は円高差益や経営努力で納付が可能と考えていたために消費税相当額を消費者に転嫁するための運賃の値上げをしていなかったところ，平成3年3月になって消費税相当額を転嫁することにし，料金変更認可申請（それまで認可されていた運賃の額に1.03を乗じ，10円未満を四捨五入した額への変更）を行った。平成元年4月からの消費税の転嫁を理由とするタクシー運賃値上認可申請は短期間のうちに認可されたのに対し，M社らの上記認可申請に対して運輸局長は，平成3年9月になって申請を却下した。

運輸局長は，同業他社の運賃との格差が14.2％ありながら3％の値上げしか申請していないため同業他社と同じ運賃額に値上げするよう行政指導をしようとして，本件申請書を正式に受理せず，事実上預り置くことにとどめたが，平成3年4月に行政指導に従う意思のないことが明確になったため申請を正式に受理することとし，M社らにその旨を告知するとともに，原価計算書等の添付書類の提出を求めた。これに対しM社らは，同年5月に昭和57年度に運輸局長に提出した原価計算書を提出し，運賃変更の理由は消費税の転嫁である旨の陳述をしたのみであったため申請の却下となったものであった。

そこでM社らは、国に対し、運輸局長の上記行為は違法であるとして国家賠償法に基づく損害賠償請求を、予備的に納付した消費税を不当利得に当たるとして当該納付税額相当分の返還請求を求め、訴えを提起した。

第１審（大阪地裁平成５年３月２日判決）では以下のように判示した。

「税制改革法11条１項は『事業者は、消費に広く薄く負担を求めるという消費税の性格にかんがみ、消費税を円滑かつ適正に転嫁するものとする。』と規定し、消費税の形式上の納税義務者は事業者ではあるものの（消費税法５条）、実質上の負担者は消費者であるとの消費税の趣旨を明確に示すこととした。被告は、右規定は、国の政治的責任を定めたものにすぎないと主張するが、消費税の右立法趣旨からしても、国やその機関は、消費税に関連した施策や行政上の事務処理をするに当たり、右趣旨に沿った判断、運用をすべき義務があるのは当然である。」

「消費税の納税義務者である事業者が消費税相当額を消費者に転嫁すること、すなわち、商品代金等の値上げをするか否か、また値上げをするとして、その程度及び時期については、専ら事業者の判断に委ねているということができる。」

「タクシー運賃の場合も、消費税の転嫁は運賃額の変更、すなわち運賃の値上げとして表れることになる。したがって、除外規定もない以上、消費税の転嫁を理由とするものであっても、タクシー運賃の変更については、右認可が必要であるというほかはない。原告らは、もし消費税の転嫁を理由とする値上げの場合にも認可が必要であるとすれば、認可があるまでは消費税の納付義務は免除されるべきであるとも主張するが、……事業者には転嫁義務はないし、資産の譲渡等（略）について税を課すとする消費税制度の中において、原告らが主張するような免除規定もないから、原告らの右主張を採ることはできない。」

「前記消費税の趣旨を考えると、消費税転嫁の場合にも通常のタクシー運賃値上げの場合と全く同じ観点からこれを審査すべきであるとするのは、少なくとも当を欠くものといわざるを得ない。すなわち、消費税は『円滑かつ適正に転嫁する』とされているのであり、本件のように、右に従い、事業者が転嫁すべきものと決断し、運賃の値上げ認可を申請してきた場合には、地方運輸局長

は，右法令に定めてある手続きにのっとって審査した結果，申請の内容が，不当違法な目的による値上げなど，転嫁が『円滑かつ適正』でないとみられるようなものでなく，『円滑かつ適正』に転嫁することを目的とするものであると認められる場合には，右申請を認可すべきであり，したがって，右認可申請に対する審査も専ら右の観点から行われるべきものである。」

「運輸局長が原告らに消費税の転嫁を許さなかったから，原告らには消費税の納付義務がなかったと主張するが，既に判示してきたとおり，消費税法は事業者に消費税の消費者への転嫁を義務付けてはいないし，原告ら主張の事由により原告らへの消費税の納付義務が消滅，免除される法的根拠もないから，原告らの右請求は理由がない。」

このように判決は，運輸局長の上記行為の違法性を認め損害賠償請求を認めたが，予備的請求として行った消費税の不当利得返還請求は，消費税の消費者への転嫁義務はなく，また消費税転嫁を理由とする値上げの場合にも認可が必要である場合に認可があるまでは消費税の納付義務は免除されるべきとの原告の主張に法的根拠がないとして却下したのであった。

控訴審（大阪高裁平成6年12月13日）は，地裁の判断を認め控訴を棄却したが，最高裁（平成11年7月19日）においては，消費税の転嫁である旨の陳述をしたのみで原価計算の算定根拠等を明らかにしなかったとの事情の下では，却下決定をした局長の判断に裁量権を逸脱，濫用した違法はないとして，原判決を破棄した。[1]

なお，当該事件においては，M社らから争点を変えてあらためて大阪地裁に訴訟提起しており平成7年5月19日に判決が出ている。そこにおいても，M社らの主張を認め，運輸局による本件却下決定は違法であると，そして消費税に関して以下のように判示し，3％の値上げ申請に問題はないとした。

「消費税については，税制改革法11条1項に『事業者は，消費に広く薄く負担を求めるという消費税の性格にかんがみ，消費税を円滑かつ適正に転嫁するものとする。』と規定されており，消費税の形式上の納税義務者は事業者であるが，実質上の負担者は消費者であるとの趣旨を明確にしているのであって，右の消費税の性格に鑑みれば消費税を転嫁するために運賃を値上げすることは

何ら不当ではないし、本件値上げ申請を認可することによって原告らが超過利潤を得るとは認められない。」

しかしこの控訴審（大阪高裁平成9年9月25日判決）においては、以下のように判示して原判決を取消した。

「消費税は、最終的には消費者が負担するものとして立法された間接税であるところ、税制改革法11条1項は『事業者は、消費に広く薄く負担を求めるという消費税の性格にかんがみ、消費税を円滑かつ適正に転嫁するものとする。』と規定しており、その文言からすれば、事業者の消費税に対する消費税の転嫁は義務として定められたものであり、その反射的効力として、事業者には消費者に対して消費税を転嫁する権利があるものと解される。しかし、そうであるとしても、その行使については公共の福祉による制約を免れることができない場合もあるのであり、道路運送法が、タクシー事業が国民生活に重要な影響を及ぼすものであることを考慮してその運賃の設定及び変更には運輸大臣の認可を要するものとしていること、また、道路運送法より後に制定された法律であるとはいえ、消費税法や税制改革法その他においてその転嫁につき特別の調整規定等を置いていないことからすれば、それが、消費税の転嫁を意図するものであっても、運賃に反映するものである以上は、それは運賃の値上げの申請をし、それに対する認可を得るという方法で行使することを要するものというべきであるから、右被控訴人らの主張は理由がない。」

「本件処分により被控訴人らの消費税の転嫁権が結果として妨げられたとしても、本件処分が適法であれば、それは適法な公共の福祉による制約なのであるから、同条項に定める違法性を具備することはないものというべきである。」

このように高裁判決においては、消費税の転嫁権も公共の福祉による制約を免れることができないとして、原判決を取消したのであった。

3 法規定構造からみる租税負担者（仕入税額控除の点から）

では、仕入税額控除については消費税法上どのように規定されているのであろうか。

(課税標準)
第28条　課税資産の譲渡等に係る消費税の課税標準は，課税資産の譲渡等の対価の額（略）とする。ただし，法人が資産を……役員に譲渡した場合において，その対価の額が当該譲渡の時における当該資産の価額に比し著しく低いときは，その価額に相当する金額をその対価の額とみなす。
(以下略)

(仕入れに係る消費税額の控除)
消費税法第30条１項　事業者が，国内において行う課税仕入れ又は保税地域から引き取る課税貨物については，……課税標準額に対する消費税額（略）から，当該課税期間中に国内において行った課税仕入れに係る消費税額（略）及び当該課税期間における保税地域からの引取りに係る課税貨物（略）につき課された又は課されるべき消費税額（略）の合計額を控除する。
(中略)
7　第１項の規定は，事業者が当該課税期間の課税仕入れ等の税額の控除に係る帳簿及び請求書等（略）を保存しない場合には，当該保存がない課税仕入れ又は課税貨物に係る課税仕入れ等の税額については，適用しない。ただし，災害その他やむを得ない事情により，当該保存をすることができなかつたことを当該事業者において証明した場合は，この限りでない。
8　前項に規定する帳簿とは，次に掲げる帳簿をいう。
　①　課税仕入れ等の税額が課税仕入れに係るものである場合には，次に掲げる事項が記載されているもの
　　イ　課税仕入れの相手方の氏名又は名称
　　ロ　課税仕入れを行った年月日
　　ハ　課税仕入れに係る資産又は役務の内容
　　ニ　第１項に規定する課税仕入れに係る支払対価の額
(中略)
9　第７項に規定する請求書等とは，次に掲げる書類をいう。
　①　事業者に対し課税資産の譲渡等（略）を行う他の事業者（略）が，当該課税資産の譲渡等につき当該事業者に交付する請求書，納品書その他これらに類する書類で次に掲げる事項（略）が記載されているもの
　　イ　書類の作成者の氏名又は名称
　　ロ　課税資産の譲渡等を行った年月日（略）
　　ハ　課税資産の譲渡等に係る資産又は役務の内容
　　ニ　課税資産の譲渡等の対価の額（略）

> ホ　書類の交付を受ける当該事業者の氏名又は名称
> ②　事業者がその行った課税仕入れにつき作成する仕入明細書，仕入計算書その他これらに類する書類で次に掲げる事項が記載されているもの（当該書類に記載されている事項につき，当該課税仕入れの相手方の確認を受けたものに限る。）
> 　　イ　書類の作成者の氏名又は名称
> 　　ロ　課税仕入れの相手方の氏名又は名称
> 　　ハ　課税仕入れを行った年月日（略）
> 　　ニ　課税仕入れに係る資産又は役務の内容
> 　　ホ　第1項に規定する課税仕入れに係る支払対価の額
> （以下略）

　消費税法の規定を確認すれば，消費税の課税標準は，課税資産の譲渡等の対価の額である。この点，例えば法人税法における課税標準は所得であり，所得は益金と損金の差額となっている点とまったく異なる。課税標準が，預かった消費税相当額と支払った消費税相当の差額というのではなく，課税資産の譲渡等の対価の額となっており，その課税標準に消費税の税率を乗じて「課税標準額に対する消費税額」を算出し，それから「課税仕入れに係る消費税額」等を控除することとなっている。その上で，法第30条第7項以下（もっともこの仕入税額控除適用要件の強化は平成6年改正で盛り込まれ，9年4月より施行されたものである。これを日本型インボイス[2]とする向きもあるが，この評価は項を改めて検討したい）で，課税仕入れ等の税額の控除に係る帳簿及び請求書等を保存しない場合には仕入税額控除の適用がない旨規定しているが，この適用を受けるための帳簿等について第8項以下で詳細に規定しており，この要件を満たさない限り，仕入税額控除の適用はないこととされている。

　不正な仕入税額控除防止のためであるとしても，これでは前段階税額控除方式と言いながら，原則が控除なのではなく，要件を満たした場合のみ控除を認めるものではないだろうか。またこのように詳細な帳簿等への記載義務等は，到底「納税者の事務負担に極力配慮」したものとは言えないであろう。

4 納税義務者

次に，消費者が納税義務者ではないと明示した裁判例を見てみる。

① 大阪高裁平成9年12月25日判決（原審は神戸地裁平成9年7月14日判決）

この事案は，神戸市所在のマンションを賃貸していた原告が，阪神・淡路大震災により補修せざるを得なくなったため，補修工事を施し，その際工事業者に対し，消費税を支払った。原告は，消費者が納税義務者であるとした上で，この消費税の支払いは税務署長の消費税課税処分によるものであり，この課税処分は，違憲・違法なものであるとしてその取消しを求め，さらに，控訴審において追加的請求として消費税の還付請求ないし不当利得返還請求を行ったものである。

以下に原告の主張のいくつかを掲げる。

1. 消費税法上，国は事業者の意思に関係なく取引（売上）に対して自動的に課税し，事業者は取引（売上）の際に必然的に消費者から消費税を預かっているはずという前提で会計処理がなされるという仕組みになっている。したがって，事業者を介して原告と被告との間に権利義務を形成することが法律上認められていることになるから，本件課税は「行政庁の処分その他公権力の行使に当たる行為」に該当する。
2. 震災の被災建物の再建や補修は実質的には被害財産の自己填補としての単なる原状回復の行為に過ぎず価値の増加を伴わないこと，本件補修工事の動機は自己責任のない地震による災害であることから，本件補修工事は「消費」ではない。
3. 消費税法上，憲法が保障する生存権，基本的人権，公共の福祉に関わるものが非課税となっているが，震災被災者の被災建物の補修や再建の行為は，生存に関わる生活基盤の回復への努力であるから，非課税とされるべきである。

これに対し，裁判所は以下のように判示し訴えを却下した。

「消費税法は，納税義務者たる事業者がその提供する物品やサービスの価格に消費税額を転嫁し，転嫁された価格で消費する消費者が最終的に消費税相当額を負担することを予定しているけれども，それは消費税が間接税制度である

ためであり，税務署長の何らかの行為により，消費者が消費税の納税義務を負わされるわけではない。そうすると，本件『消費税課税処分』取消しの訴えは，法律上存在しない処分の取消しを求めるものと考えざるを得ず，不適法である。」

なお控訴審（大阪高裁平成9年12月25日判決）も同様の旨判示し，原審を維持し，原告の訴えを却下した。

② 東京地裁平成2年3月26日判決

これはサラリーマン新党の青木茂氏らが，消費税法が憲法違反であるとして，違憲の法律を成立させた国会議員の立法行為は国家賠償法1条1項の定める公務員の不法行為に当たるとして国家賠償請求した事案である。この中で原告は，次のような主張をした。

「税制改革法11条1項は，『事業者は，消費に広く薄く負担を求めるという消費税の性格にかんがみ，消費税を円滑かつ適正に転嫁するものとする。その際，事業者は，必要と認めるときは，取引の相手方である他の事業者又は消費者にその取引に課せられる消費税の額が明らかとなる措置を講ずるものとする。』と規定している。同各項は，内閣から同法案が提出された際，『事業者は広く薄く負担を求めるという消費税の性格にかんがみ，消費税の円滑かつ適正な転嫁が行われるよう努めるものとし，……』という条項であったものが，国会において修正されたものである。

右規定は，あくまで事業者が納税義務者であることを前提としつつ，事業者に対し，消費税の転嫁義務を課したものとも解されるが，他の税法を見ても，実質的な租税負担者と租税債務を負担する納税義務者が相違する場合，納税義務者に対し，実質的な租税負担者への転嫁を義務付けてはいない。

そうすると，税制改革法11条1項が，国会において修正され，現行条文のようになったということは，税制改革法及び消費税法上，消費者は納税義務者，事業者は単なる徴収義務者と考えられていることを意味すると考えられる。」

これに対し被告側は次のように反論する。

「消費税法5条1項は『事業者は，国内において行なった課税資産の譲渡等につき，この法律により，消費税を納める義務がある。』と規定しているのであっ

て，事業者が納税義務者であることは明らかである。税制改革法11条1項は，右の点を前提としたうえで，新たに創設される消費税が転嫁を予定したものであることを周知し，国民の理解を求めることが必要であると考えられたため，規定されたものである。

　すなわち，税制改革法は，個別の税法において規定することに馴染まない今次税制改革の趣旨，基本理念及び方針を明らかにし，かつ，簡潔にその全体像を示すことにより，右税制改革についての国民の理解を深めることに資すること等を目的として制定されたものであり（同法1条），個別税法の一つである消費税法に対する関係において，講学上のいわゆる上位規範に当たるものではない。

　ところで，消費税法自体には，従来の間接税の立法形式と同様，事業者に課される税の転嫁については規定を設けていない。しかしながら，今次の税制改革において消費税の創設は重要な意義を有しており，その円滑な実施と定着は是非とも必要であると考えられたことから，消費税の円滑かつ適正な転嫁の必要性を納税義務者である事業者のみならず消費者にも理解されるようにとの目的のもとに前記税制改革法に特に規定されたものである。

　したがって，右規定は，消費者を納税義務者であると規定したものではない」

　これら当事者の主張に対し，判決は次のように言う。

「税制改革法11条1項は，『事業者は，消費に広く薄く負担を求めるという消費税の性格にかんがみ，消費税を円滑かつ適正に転嫁するものとする』と抽象的に規定しているに過ぎず，消費税法及び税制改革法には，消費者が納税義務者であることはおろか，事業者が消費者から徴収すべき具体的な税額，消費者から徴収しなかったことに対する事業者への制裁等についても全く定められていないから，消費税法等が事業者に徴収義務を，消費者に納税義務を課したものとはいえない。『消費税の円滑かつ適正な転嫁が行われるよう努める』と規定されていた税制改革法律案が右条項のような表現に修正されたけれども，修正後の消費税法の内容からして，右修正に，消費税の消費者への円滑な転嫁の必要性をより明らかにする趣旨で行われたということ以上の意味を見出すことは到底困難である。……消費税の納税義務者が消費者，徴収義務者が事業者で

あるとは解されない。したがって，消費者が事業者に対して支払う消費税分はあくまで商品や役務の提供に対する対価の一部としての性格しか有しない」

この判決においても，消費者は納税義務者，事業者は徴収義務者というわけではなく，あくまでも事業者が納税義務者であり，消費者が事業者に対して支払う消費税分はあくまでも商品や役務の提供に対する対価の一部にしか過ぎないと判示されたのであった。

5　総額表示義務付

では，次に消費税法における消費税の表示につき，いかに規定されているかを見てみる。

> （価格の表示）
> 第63条の2　事業者（略）は，不特定かつ多数の者に課税資産の譲渡等（略）を行う場合（専ら他の事業者に課税資産の譲渡等を行う場合を除く。）において，あらかじめ課税資産の譲渡等に係る資産又は役務の価格を表示するときは，当該資産又は役務に係る消費税額及び地方消費税額の合計額に相当する額を含めた価格を表示しなければならない。

この条文による総額表示義務は平成15年税制改正により設定され16年4月より施行されたものであるが，税制改革法第11条第1項にある「取引の相手方である他の事業者又は消費者にその取引に課せられる消費税の額が明らかとなる措置を講ずるものとする」とまったく異なる内容が加えられた。

財務省の公表している改正の趣旨は，単に「税抜価格表示」「税込価格表示」が混在している中で価格比較が困難といった問題解消のため，「消費者が値札等を見れば『消費税相当額を含む支払総額』が一目で分かるようにするため」であるという[3]。これを単なる表示の問題とみるべきではないと考える。これは消費者が事業者に対して支払う消費税相当額が消費税法上の規定の上だけではなく経済的すなわち実質的にも，あくまでも商品や役務提供の対価の一部にしか過ぎないということの表れであろう。

もっともこの改正理由にそのような点が挙げられているわけではなく，それは憶測に過ぎないという反論もあろう。また事業者間取引においてはこの総額

表示が義務付けられているわけではないことから、後段階取引への転嫁すべてにおいてこのように言うことはできないという反論もあろうが、これは前段取引の仕入税額控除との関係から総額表示に統一するわけにはいかなかったためであろう。これが憶測に過ぎないとしても、結果として、消費者からみれば、消費税相当額が商品や役務の提供の対価の一部にしか過ぎないものとなってしまっているのは事実であろう。

6 納税義務者の法的な相違

この消費税の計算上課税対価に諸税が含まれるか議論されることがある。不動産売買における固定資産税の日割計算分についての議論や、軽油引取税は含まれない場合もある一方揮発油税は常に課税対価に含まれるため、二重課税ではないのかといった議論である。固定資産税については、消費税法基本通達10-1-6において「当該未経過分に相当する金額は当該資産の譲渡の金額に含まれる」と、個別消費税については同通達10-1-11において「法第28条第1項《課税標準》に規定する課税資産の譲渡等の対価の額には、酒税、たばこ税、揮発油税、石油石炭税、石油ガス税等が含まれるが、軽油引取税、ゴルフ場利用税及び入湯税は、利用者等が納税義務者となっているのであるから対価の額に含まれないことに留意する。ただし、その税額に相当する金額について明確に区分されていない場合は、対価の額に含むものとする。」とその解釈が示されている。

ここで判断基準とされているのは、納税義務者が何れにあるかという点である。同通達10-1-11に示されている個別消費税も同通達10-1-6に示されている固定資産税・自動車税もともに、これら諸税の納税義務が対価の支払者である利用者・購入者側にあれば対価に含まれない、納税義務が利用者・購入者側になければ価格の構成要素をなすものとみて対価に含まれるとしている。消費税の課税対価の議論から消費税そのものに言及するのは順序が逆との批判もあろうが、消費税の納税義務が利用者・購入者側にないという点は、消費税が固定資産税や酒税等と同一の性質を有するものであって価格の構成要素に過ぎない点を表していると言えるであろう。

7 小 括

以上の考察から,消費税は後段階への,また消費者への価格転嫁が保証されていない上に,前段階の税額の控除も一定要件を満たすことを条件として認められるのである。そうである以上,事業者は単なる徴収義務者ではなく,名実ともに納税義務者であり,この消費税の負担者なのである。

II 会計基準による消費税の会計処理
―― 財務諸表の税込・税抜表示の点から――

1 消費税の会計処理について(日本公認会計士協会)

消費税分を財務諸表上含めて表示するかという点については,税抜方式が原則とされている。消費税導入時における平成元年1月18日に日本公認会計士協会の消費税の会計処理に関するプロジェクトチームから「消費税の会計処理について(中間報告)」が公表された。そこに以下のように示されている。

「消費税は,付加価値に課税するものであり,原則として,資産の譲渡等の都度その対価の額につき課税を行うこととし,その前段階に課された税額を控除又は還付して調整することとされている。このように仕入れ等に係る消費税(略)は,一種の仮払金ないし売上等に係る消費税(略)から控除される一種の通過支出であり各段階の納税義務者である企業に消費税の会計処理が損益計算に影響を及ぼさない方式(税抜方式)を採用することが適当である。

ただし,非課税取引が主要な部分を占める企業等当該企業が消費税の負担者となると認められる場合,簡易課税制度を採用した場合,その他企業の業種業態等から判断して合理性がある場合には,それに対応する会計処理方式(税込方式)を採用することができる。」

このように,消費税が「一種の仮払金又は通過支出の性格を有するもの」という前提に立って税抜方式が原則とされたのであった。

2 中小企業の会計に関する指針・中小企業の会計に関する基本要領

この財務諸表表示の問題については,金融商品取引法上の監査の適用がない

中小企業においてはどのようになっているのであろうか。

　企業会計基準委員会・日本公認会計士協会・日本税理士会連合会・日本商工会議所により公表された「中小企業の会計に関する指針（平成23年版）」においても，「60．消費税等の会計処理」に，「消費税等（地方消費税を含む。）については，原則として税抜方式を適用し，事業年度の末日における未払消費税等（未収消費税等）は，未払金（未収入金）に計上する。ただし，その金額の重要性が高い場合には，未払消費税等（未収消費税等）として別に表示する。」と税抜方式を原則としている。

　では次に，中小企業関係者等が主体となり，中小企業庁及び金融庁を共同事務局とする「中小企業の会計に関する検討会」において公表された「中小企業の会計に関する基本要領」を見てみるが，この基本要領の中には，消費税の処理につき，直接的な記載はない。注記の例示として「消費税等の会計処理消費税等の会計処理は，税抜方式（又は税込方式）によっています。」とあるだけである。ということは，この基本要領によれば，税抜方式・税込方式いずれにより表示することも認められているが，いずれによったかは注記で明示しなければならないとされているものと思われる。

3　総額表示と純額表示

　ところで，企業会計上，費用収益は総額で表示せず相殺して利益だけを表示すると，利害関係者が当該企業の期中に行った取引の規模を把握することができないことから，総額主義が原則である。しかし昨今は，この原則を修正する方向にある。というのも IAS 第18号では，収益は，企業が自己の計算により受領し，又は受領し得る経済的便益の総流入だけを含むとされているからである[7]。したがって，物品税，サービス税，付加価値税のように，第三者のために回収した金額や代理人として取引先のために回収した金額といった，企業の持分の増加をもたらさない金額は収益には含めないことになる[8]。そうであるならば，消費税をはじめ酒税等の諸税だけでなく様々なものが除外されるべきことになると思われるが，この点について平成21年7月に日本公認会計士協会が公表した研究報告第13号[9]により確認する。

この中の「(2) 収益の表示方法（総額表示と純額表示）①我が国の現状」に次のようにある。

「収益の表示方法（いわゆる総額表示と純額表示）については，企業会計原則に『総額主義の原則』が示されているが，これ以外には，ソフトウェア取引実務対応報告を除き，我が国の会計基準では明示されていない。このため，収益の表示方法については様々な実務がみられるが，一般的には，契約上，取引の当事者となっている場合には取引の総額を収益として表示し，代理人となっている場合には手数料部分のみを収益として表示している例が多いと考えられる。ソフトウェア取引実務対応報告では，ソフトウェア取引を主たる対象としているが，そこでは『一連の営業過程における仕入及び販売に関して通常負担すべきさまざまなリスク（瑕疵担保，在庫リスクや信用リスクなど）を負っていない場合には，収益の総額表示は適切でない。』（4 ソフトウェア取引の収益の総額表示についての会計上の考え方）とされ，契約上，取引の当事者であるか代理人であるかにかかわらず，リスクの負担の観点から収益の総額表示と純額表示に関する判断が求められている。

このような考え方は，ソフトウェア取引以外の収益の表示方法（総額表示と純額表示）の参考になると考えられる。」

これによれば，リスクの負担の有無により，総額表示すべきか純額表示すべきかを判断することになる。この観点からは，ガソリンや酒類等を製造販売する企業におけるガソリン税や酒税等の税相当額については，売上高（及び売上原価）から控除して表示することが適切と考えられるとされている。

この報告書のなかの「ガソリン税や酒税等の取扱い」[10]には次のようにある。

「(a) 具体的事例

ガソリンや酒類を製造販売する企業は，揮発油や酒類を基本的に製造場から移出又は保税地域から引き取った時点で揮発油税や酒税の納付義務を負い，その後の販売活動によりそれらの税金を回収することが予定されている。

このような取引において，ガソリンや酒類を製造販売する企業においては，ガソリン税や酒税相当額を売上高及び売上原価のそれぞれに含めて表示している例が多く，税相当額を売上高及び売上原価からそれぞれ控除して表示してい

る例は少ないと考えられる。

（略）

(d) 会計処理の考え方

ガソリンや酒類等を製造販売する企業が，ガソリン税や酒税等を売上高及び売上原価に含めて表示したとしても，税相当額はそれぞれ同額含まれて表示されていることになる。また，各企業でその税相当額を変動させることはできない。このように，ガソリン税や酒税等は各企業の判断で変動させることができない部分であり，ガソリンや酒類等を製造販売する企業が納税義務を負っているとしても，それは実質的には徴税業務を代行しているものと考えられるため，いわゆる付加価値を構成するものではないと考えられる。

また，ガソリン税や酒税等を含む売上高に消費税等が課されるとしても，それだけをもって税相当額を含めて売上高及び売上原価を表示する合理的な理由にはならないと考えられる。

したがって，ガソリンや酒類等を製造販売する企業におけるガソリン税や酒税等の税相当額については，売上高（及び売上原価）から控除して表示することが適切と考えられる。」

この中では，ガソリンや酒類等を製造販売する企業においては取引対価に含めず純額表示すべきことになるが，ガソリンや酒類等を製造販売する企業と仕入れ販売する企業を分ける必然性は明らかではない。

しかし考え方の1つの方向性としては理解しうるものであり，この考え方を基礎とするならば，消費税が税抜方式で表示されることも理論的に一貫していることになる。しかし他の諸税は含めて表示しながら消費税だけ含めず表示することには論理的な一貫性はないものといえよう。

4 小　活

会計基準は，消費税を一種の通過支出とみて各段階の納税義務者である企業においては，消費税の会計処理が損益計算に影響を及ぼさない方式として税抜方式を採用することが適当としている。ただし税込方式は，中小企業の会計に関する基本要領によれば，情報提供機能への要請が少ない中小企業者に許容さ

れているが，中小企業の会計に関する指針によれば，非課税取引が主要な部分を占める企業等や簡易課税制度を採用した場合，その他企業の業種業態等から判断して合理性がある場合に許容されるとしている。

　ガソリンや酒類等を製造販売する企業において，ガソリン税や酒税等の当該企業が納税義務を負う個別消費税の処理については，現在はこれを売上及び売上原価に含めて処理するのが一般的である。しかし，IAS 18号に基づいてこれを考えるならば，リスクの負担の有無により，総額表示すべきか純額表示すべきかを判断すべきこととなるため，当該企業が納税義務を負う諸税に関しても収益に含めないこととすべきとなると思われる。

Ⅲ　結論（消費税の法的本質と財務諸表表示の問題点）

　消費税は後段階への価格転嫁が保証されていない上に，前段階の税額の控除も一定要件を満たすことを条件として認められているものである。そうである以上，事業者は単なる徴収義務者ではなく，名実ともに納税義務者であり，この消費税の負担者であるが，会計基準においては消費税を一種の通過支出とみて各段階の納税義務者である企業においては，消費税の会計処理が損益計算に影響を及ぼさない方式として税抜方式を採用することが適当としている。しかしこれは消費税の法的な本質と合致していない。後段階に対して転嫁を保証せずまた前段階に対しても控除を保証していない，事業者が納税義務者である消費税が，一種の「通過支出」とは，とても思えないからである。

　納税義務者が事業者であるならば，ガソリンや酒類等を製造販売する企業におけるガソリン税や酒税等と実質的には同性質のものではないだろうか。これらのガソリンや酒類等を製造販売する企業においては，ガソリン税や酒税を売上及び売上原価に含めて処理しているならば消費税もまた含めて表示すべきことが許容されてしかるべきということになるのではないだろうか。[11]

注
1)　この詳細は，論点が消費税法ではないため割愛する。
2)　例えば，平成8年12月16日参議院行財政改革・税制等に関する特別委員会における片

山虎之助議員の発言。その他，湖東京至「消費税における仕入税額控除否認の法理と日本型インボイス方式導入の問題点」静岡大学法政研究1巻1号（1996）1頁参照。
3) 財務省HP，http://www.mof.go.jp/tax_policy/tax_reform/outline/fy2004/sougaku-hyoji/index.htm。
4) 本大会において小山会員が報告されている。
5) 小西砂千夫「許容できる『二重課税』とは何か―租税原則から考える」税52巻8号4頁以下。
6) この通達において固定資産税のみならず自動車税についても同様としているが，自動車税は廃車時において還付されるといった固定資産税とは異なる点もあり，同一に扱ってよいか疑問である。稿を改め検討したい。
7) IAS 18 pra. 8.
8) 日本公認会計士協会会計制度委員会研究報告第13号「我が国の収益認識に関する研究報告（中間報告）―IAS第18号「収益」に照らした考察」（平成21年7月9日）8頁。
9) 同上。
10) 同上，59頁。
11) なお，法的側面と経済的実質の相違する例として，リースが経済的実質に即した処理となっている点から反論があろう。しかしリースは，法形式はともかく法的側面においても実質は売買契約に金融的な取引が付加されたものとして承認されている。拙稿「『リース会計基準』に対する商法的評価」産能短期大学紀要27号35頁以下，拙稿「ファイナンス・リースの法的性質から見たリース会計基準及び適用指針の検討」経理研究（中央大学経理研究所）52号217頁以下，拙稿「ファイナンス・リースの法的性質から見た新リース税制の検討（前）（後）―借手側（レッシー）の処理を巡って」月刊税務事例41巻3号（通巻474号）44頁以下，同4号（通巻475号）36頁以下。

3 消費税における「対価性」

奥 谷 　 健
(広島修道大学)

はじめに

　消費税において課税対象となるのは，非課税（消法6条1項）を除く資産の譲渡等すべての取引である（2条1項9号）。そして，この「資産の譲渡等」については，「事業として対価を得て行われる資産の譲渡及び貸付け並びに役務の提供」とされている（2条1項8号）。つまり，「事業として」行われているものであること，及び，「対価を得て」行われているものであることの2つの要件がある。このうち，「事業として」行うことについて，「対価を得て行われる資産の譲渡及び貸付け並びに役務の提供が反復，継続，独立して行われることをいう」とされている（消基通5-1-1）。これによれば，資産の譲渡等が「対価を得て行われること」は，「事業として」行われることの重要な判断要素といえる。

　そうであれば，この「対価を得て行われる」ということは消費税において重要な要件であると考えられる。そしてこれについて，「資産の譲渡及び貸付け並びに役務の提供に対して反対給付を受けること」とされている（消基通5-1-2）。これによれば，何らかの資産の譲渡等が行われる場合にその受け手が支出する金員等が「反対給付」であるということが重要であるといえる。

　しかしながら，この重要な要素である「対価」及び「反対給付」について消費税法は明確に示していない。例えば，「対価の額」について「対価として収受し，又は収受すべき一切の金銭又は金銭以外の物若しくは権利その他経済的な利益の額」としているに過ぎない（28条1項括弧書き）。そのため，消費税法における「対価」や「反対給付」が何かということは不明確であるといえる。

ただこのような場合，これらの概念は民法の有償契約における「対価」の意義に従うとも考えられる。しかし，民法においても対価的意義をもつ出捐をもって有償契約と考えられているように，[1]「対価」について明確な定義があるわけではない。[2]

このような状況においては，どのような取引が課税対象になるのかを納税者が予測できないということが考えられる。これは租税法律主義（憲法84条）の観点から問題があるといえる。そこで，以下では消費税の対価性について検討していくことにしよう。

I 対価性が問題になった事例

対価性が問題になるのはどのような場合であろうか。最近では弁護士会を原告として法律相談センター等において法律相談を受けた弁護士が受任後に支払った負担金等の対価性が問題となっている。[3]そこでその事例をもとに，どのような場合に対価性が問題になるのか，また裁判所はどのように対価性をとらえているのか，についてみていくことにしよう。

1 事実の概要と当事者の主張

原告は，(1)原告に設置されている法律相談センター，刑事弁護・少年（等）付添センター，消費者・サラ金被害救済センター，高齢者・障害者支援センターにおいて，申込者等から事件等を受任した，又は，申込者と顧問契約を締結した場合に当該弁護士が原告に対し支払わなければならないとされている負担金，(2)弁護士法23条の2に基づく公務所等に対する照会の手続を原告が行う際に当該照会の申出をした弁護士が原告に対し支払わなければならない手数料，(3)原告が弁護士協同組合，財団法人法律扶助協会から事業の委託を受けていることに基づき支払を受けている事務委託金及び人件費等の実費の負担金，及び，(4)司法研修所長からの司法修習生の実務修習の委託に基づき，弁護士会における司法修習生の弁護実務修習の指導に要する経費に充てるための費用として原告に支払われる司法修習生研修委託費について，消費税の課税標準額に含めず

に申告を行った。それに対し処分行政庁は，これらの収入を課税取引の対価であるとして課税標準額に含める旨判断し，更正処分をした。

原告がこれらの収入を課税標準に含めなかったのは次のような理由から対価性がないと考えたためである。すなわち，「対価とは，役務の提供があり，これに対応して金銭等の反対給付がされるという相関関係の中で形成されるものであり，その典型は，役務を提供する者に対して，その役務の買い手が代金を支払う関係である。そして，対価支払というのは，当事者間における自由な合意を基礎として，提供された役務に対する相手方の自発的な代価の支払を基本的な要素とする。

このように考えると，対価を得て行う役務の提供に該当するとする際には，その基本的特性として，①役務の提供があらかじめ義務付けられたものではなく，役務の提供者と代金の支払者との間での合意形成を基本とすること（任意性），②役務の提供とそれに対応した代金支払があること（関連性ないし結合性），③当該役務と当該代金が同等の経済的価値をもつこと（同等性）が求められる」。このように，原告は対価性を認定するための基本的特性を示した上で，個別具体的な対価性の判断に決定的なのは，役務提供と対価支払との間における個別的，具体的関連性の有無であると指摘している。

この点を踏まえ原告は本件で問題となっている各収入について，「構成員に対して納付義務を課して強制的に徴収するものであり，……上記①～③の要素を満たさないし，原告の活動に対する対価ともいえない」と述べている。

これに対して，被告は次のように対価性の判断基準について主張している。「消費税法上の対価性は，『資産の譲渡及び貸付け並びに役務の提供に対して反対給付を受けること』で足りるのであり，それが自由な交換として行われない限り対価性をもたないという根拠はない」。つまり，自由な交換として取引が行われていなくとも基本的には対価性が認められることになる。

そして原告の主張に対しては，「消費税の課税対象は，……任意性や同等性をもたないものにまで及ぶから，これらによって具体的な課税対象の限界を画することは困難であるし，……〔原告も〕これら要素は基本的な判断基準にすぎ」ず，「関連性ないし結合性の判断を，客観的かつ公平に行うことは困難で

あり，これを課税の対象の限界を画する独立の基準であると解することはできない」として，基本的要素を対価性の判断基準として採用できないとしている。

その上で，「役務の提供等に対する反対給付か否かの限界は，当該役務の提供がなければ，当該給付はなかったであろうという条件関係があるか否かで判断するほかないものと解される。〔原告〕が対価性の判断基準として示している任意性，関連性ないし結合性，同等性は，対価性の限界を画する判断基準としてはあいまいにすぎて妥当でなく，上記のような条件関係をもって限界を画することこそ，課税の客観性，公平性に資する」と述べている。つまり，提供した給付と反対給付との条件関係によって判断すべきであると主張しているのである。

そしてこれをもとに原告の各収入について，例えば法律相談という機会を提供するという役務提供があり，その機会を通じて受任しているという条件関係から，対価性を認定している。

2 京都地裁判決

上述のように，原告は対価性の基本的要素から解しているのに対して，被告は条件関係をもとに対価性をとらえている。このような主張の対立について京都地裁は以下のように判断している。

例えば本件各受任事件負担金について次のような認定をしている。「……本件各センターにおける名簿の作成，紹介の仲介などの事務処理があることによって，各弁護士が相談者等と接触することになり，その後に当該相談者等から事件を受任した場合には，その受任は，上記の事務処理があったことに起因しているといえるから，各弁護士は，本件各センターの運営とその事務処理によって，受任の機会を得ている面があると評価することができる。そして，……本件各センターの事務処理は，原告による事務処理であるということができるから，原告の事務処理によって，各弁護士は，受任の機会を得ていると評価することができる。

……原告の事務処理によって，受任の機会を得たことにより，それがその後の受任に基づく利益につながるからこそである，と解するのが合理的である。

以上によれば，結局，各弁護士は，原告の事務処理という役務の提供によって受任の機会を得たため，その反対給付として本件各受任事件負担金を支払うこととされているものということができ，当該役務の提供と本件各受任事件負担金との間には明白な対価関係がある」。このように，法律相談による事件の受任の機会を得るという役務提供があったという条件関係を認定し，それに対する対価性を認めている。

しかし，原告はそのような条件関係ではなく，対価性の基本的特質を挙げて主張している。それに対して裁判所は，「……原告がその主張において指摘するとおり，対価性の基本的要素を示すものにすぎないから，これは，対価性の判断基準となり得るものではないといわざるを得ない。したがって，〔原告の〕見解を基に対価性を判断する必然性はなく，その挙げる基本的要素の充足の有無を検討する必要性はない」と述べ，基本的要素ではあるが判断基準とはなり得ないとしている。このように本判決は，原告の主張する対価性の基本的特質をまったく検討しないままに条件関係のみに着目して対価性を認定している。

3　小　　括

ここまでみてきたように，弁護士が弁護士会に対して負担する事件受任負担金等の弁護士会の収入について，原告は対価の基本的特質を挙げ負担金等の性質を考慮し，対価性がないと主張している。それに対して被告も裁判所も，弁護士会の行った役務提供があるからこそその負担があるという条件関係に着目し，原告が主張する対価の基本的特質を考慮せずに対価性を認定している。

このような収入の特質を考慮しないままに判断している本判決に対しては批判もみられる[5]。これとの関連では特に，対価の基本的特質を考慮しない点についてどのように評価すべきか，条件関係だけに着目して対価性を判断することに妥当性はあるのか，という点に疑問が生じる。そこで次のこれらの点についてみていくことにしよう。

Ⅱ 対価性をめぐる見解

　上記のように京都地裁判決においては，条件関係にのみ着目して対価性が認定されている。このような判断に問題はないのだろうか。以下でみていくことにしよう。

1 対価の基本的特質
　原告が主張している対価の基本的特質について，判決が検討していないことに対して原告の主張を支えた意見書をもとにした批判がある[6]。この見解は対価の意義について，「財産や労力を他人に与え又は利用させた場合に，その報酬として受け取る利益」であるという一般的理解を前提としている[7]。そして，対価についてのこのような理解は，役務提供とこれに対応した反対給付との相関関係があることがその核心部分であると指摘し[8]，「対価性の基本的要素は，①役務の提供があらかじめ義務づけられたものではなく，市場（もし，このようにいうのが理解しがたいのであれば，取引当事者間）における合意形成を基本とすること（任意性），②役務の提供とそれに対応した代金支払があること（関連性ないし結合性），③当該役務と当該代金が同等の経済的価値を持つこと（同等性）という，少なくとも3つの基本的特性，基本的要素」があるとしている。

　これによれば，対価性が認められるのは市場取引であって，寄附や強制的な金員の支払のような市場外取引は対価性がないことになる。しかし，下水道料金やNHK受信料などの付合契約の場合には任意性の判断が困難になるから，対価性の基本的要素のうち関連性ないし結合性と同等性を考慮して対価性の有無を判断することになる。そして，その場合に重要となるのは，資産の譲渡等と支払との間の個別的，具体的関連性であると述べている。つまり，金員の支払が資産の譲渡等に対する直接的な反対給付といいうるかどうかを判断することで，対価性の有無が判断できるとされている。そして，対価の一般的意義からその基本的特質を導き出し，本件へのあてはめを行い，本件各負担金等に対価性が認められないとしている。

このような理解に対して，条件関係に依拠した理論はどのような根拠に基づくものであろうか。対価性を因果関係に求める見解[9]についてみていくことにしよう。

2　因果関係による対価性判断

この見解は，消費税法2条1項8号における「対価」概念を明らかにするために，所得税法34条1項にいう「労務その他の役務又は資産の譲渡の対価」の意義に関する東京高判昭和46年12月17日及び東京地判平成8年3月29日を参考にしている。東京高判では，役務の対価とは「狭く給付が具体的・特定的な役務行為に対応・等価の関係にある場合に限られるものではなくて，広く抽象的，一般的な役務行為に密接・関連してなされる場合をも含むものと解するのが相当である」と述べられている。また東京地判では，「供与が具体的な役務行為に対応するだけでなく，一般的に人の地位及び職務に関連してなされる場合も，偶発的とはいえないものについては，対価性の要件を充たすと解するのが相当である」と示されている。そしてこれらから「対価性」のメルクマールとして「課税資産の譲渡と給付（支出）の関連性」を抽出している[10]。

そしてこの関連性について，東京高判をもとに，「消費税は消費支出に負担を求める性質を有する以上，一般的・抽象的な役務の提供を受けたとしても，その役務の提供を受けたものがその役務の提供に関連して（反対）給付をなしていると認められる限り，その一般的・抽象的な役務の提供について消費支出をなしているといえるから」，「具体的な役務の提供と（反対）給付との関連性が要求されるのではなく，（反対）給付と一般的・抽象的な役務提供との関連性が存在するだけで，『対価』が十分に認定することができる」としている。

この考え方は，「『消費に広く薄く負担を求めるという性質を有する』消費税の趣旨にも合致して」おり，「そのような（反対）給付と関連性のある一般的・抽象的な役務の提供を，消費税の課税対象外におくことは，消費税導入時の基本方針である中立性の確保という観点で大いに問題がある」となる[11]。つまり，中立性の確保という観点から，一般的・抽象的関連性のある反対給付に対価性を認めることが適切といえる。そして対価性の基本的特質は重要ではないので

ある。

またこのような役務提供と（反対）給付との関連性について，「どの主体（役務を提供する者か，それとも，役務を提供された者か）」をもとに検討している[12]。そして消費税法28条１項括弧書について「役務の提供と（反対）給付との関連性は，役務を提供する者，すなわち事業者の視点で行うべきであるようにも見える。しかし，消費税が最終消費者の消費支出に負担を求める性質を有するのであって，事業者による課税資産の譲渡等への課税要件の結びつけが単なる徴税技術上の考慮に過ぎないことを考慮すれば，むしろ，役務を提供された者……の視点においてこそ，役務の提供と（反対）給付との関連性を判断すべきである」と述べている。その上で「ある役務が提供されたからこそ（反対）給付をおこなったという関係が客観的に想定できれば，役務の提供と（反対）給付との関連性を認定することができる」と示している。そして「役務の提供と（反対）給付との関連性の判断に当たっては，両者の因果関係をベースに判断すべき」としている[13]。

このように，この見解は所得税における「対価性」に関する裁判例から「役務の提供と（反対）給付との関連性」というメルクマールを抽出している。そしてそれは，一般的・抽象的な関連性のみで足り，その判断は役務の提供を受けた者の視点から因果関係に基づいてなされるとしている。

しかし，この考え方については対価性の基本的特質をどのように評価するのか，という点に疑問が残る。また，この見解は所得税の裁判例をもとにしているが，所得税法における「対価」と消費税法における「対価」は同じ意義に理解してよいのだろうか。確かに，税法という分野においては統一的に理解すべきであろうと思われる。しかし，「対価」概念は税法上定義がなければ，取引関係を規律する私法からの借用概念であると考えられる。そうであれば，私法上の意義について検討しないまま所得税法と消費税法だけの統一的な理解をするということは妥当なのかとも考えられる。

また，この因果関係に基づいてとらえる立場が所得税法と消費税を統一的にとらえていることについて，次のような点も疑問となる。例えば，消費税法では「保険料を対価とする役務の提供」が非課税取引として挙げられている。し

かし，保険契約は射幸契約であり保険料に対する給付は保険金である。また，所得税は保険金と保険料を対応した関係とみている。そうであれば，保険料に対する役務提供は考えられていないことになる。仮に，保険金を受領する地位の提供を役務の提供とすると，ギャンブルや宝くじについても賞金を得るという地位の提供があり対価性があると考えられる。しかし所得税法でも消費税法でも対価性を認めていない。[14] そうすると，保険料に対する役務提供とは何かが観念しがたく，保険料に関する対価性が認められないとも考えられる。にもかかわらず，消費税法においては保険料について対価性を認めている。そうであれば，消費税法の「対価」は私法とも所得税法とも異なる理解をしていることになる。それにもかかわらず，所得税法に関する裁判例を前提に因果関係に基づいて対価性をとらえてよいのだろうか。

さらに，因果関係に基づいて対価性をとらえた場合，保険金は保険料の支払があったからこそ支払われるため，保険金は保険料を対価とした反対給付として認められることになる。しかしこれについて対価性がないことは上記のとおりである。そうすると，因果関係に基づいて対価関係をとらえることは，現行の取扱いに反する結果につながることになる。このように対因果関係に着目した判断にはいくつかの疑問が生じる。[15]

3　小　　括

ここまでみてきたように，対価性についてその基本的特質に着目した考え方は，提供された役務提供とその給付との個別的・具体的な関連性をもとに対価性を判断するとしている。それに対して，因果関係に着目した考え方は，所得税法における対価性に関する裁判例から役務提供と反対給付との関連を一般的・抽象的なもので足りると解している。しかし，このような考え方にはいくつかの疑問が生じる。そのため，この見解についてより詳細に検討する必要があるように思われる。

Ⅲ　ドイツにおける対価性をめぐる議論

　因果関係により対価性を判断する見解の理論的背景にはドイツ売上税法（Umsatzsteuergesetz）における対価性をめぐる議論がある[16]。そこで，次にドイツ売上税法における議論についてみていくことにしよう。

1　給付交換のメルクマール

　売上税における課税対象は，「事業者が国内においてその事業の範囲内で対価に対して行う給付及びその他の給付である」（1条1項1号1文）。この「対価に対して行う」から，事業者が何らかの給付，つまり資産の譲渡等をし，それに対する対価があるという給付交換関係が課税対象の基本要件となる。つまり，事業者が給付者としてその事業の範囲で国内において給付を行い，その給付が反対給付（対価）をもたらす給付の受領者に提供される。このとき，給付と反対給付の間の直接的な関連性がなければならない。この直接的な関連性は，給付者と受領者の間にある法律関係から生じ，その範囲で相互の給付が交換されることになる[17]。

　そしてこの給付交換関係を認める基準について，連邦財政裁判所（BFH）は，給付が反対給付を意図して提供されるという目的性に基づいて判断していた[18]。これは，「対価とは，給付の受領者が，給付を得るために消費するすべてのものである」という文言（10条1項2文）から導かれている。この考え方は給付の受給者，つまり消費者の観点から対価をとらえている。

　しかし，1条は「対価に対して給付を行う」事業者の観点からの規定と考えられる。つまり，事業者が"対価を得るために"給付を行っている場合に給付交換関係，対価性を認めることもできる。実際にBFH 1981年5月7日判決では[19]，給付提供者は反対給付を得るためという目的のもとで給付行為を行っていること，その行為が反対給付を得るという目的にかなったものであるという合目的性が求められている。そして給付交換関係は反対給付が見込まれるような場合の給付の提供も「対価のために」なされたものであると評価されている。

そうすると，給付交換が成立するのは，「給付がその（可能な）反対給付の獲得に向けられ，それによって，意図又は期待され，あるいは期待可能な反対給付を生じる場合のみである」ことになる。このとき，「相互に提供される給付は相互に内部的に結びついている」。そのためには，「対価獲得という目的のために提供された給付が存在しなければならないということが要請されている」。

これに対して連邦財務大臣は本件について，「給付と反対給付の双務的な結びつきは必要ではな」く，「既存の雇用関係に現れている強い内部的結びつきで十分である」としている。つまり，「契約当事者によって相互に保障される給付すべてが，そこには原因が認められるので，既存の雇用関係による給付交換関係にある」ということである。

しかし BFH は，目的性の考慮から因果関係による給付交換関係の判断を否定している。つまり，事業者が契約に基づいて反対給付を得るために給付提供していることが給付交換関係にとって重要なのである。また因果関係に基づく対価性の認定も否定しているのである。

それにもかかわらず，わが国で紹介された見解は対価性を因果関係によって判断するとしている。そして，これについて同見解によれば，「給付交換は相互の契約に基づいている。さらに，給付と反対給付が目的的又は原因的に相互に結びつき，相互に依存しているということも充たしている。消費又は所得支出課税の観点の下で，給付受領者が所得を支出しているのは，給付を獲得するため（目的的）か，又は給付を得たから（原因的）かに係る」ことになる。[20]また「10条1項2号の文言（「給付を得るために」）は包括的に解釈されるべきである。これは"給付を得たために"とも考えられる」ことになる。そしてこの見解は，消費課税の原則によれば，対価性の判断は「給付受領者としての消費者が実際に何を支出しているかである」としている。つまり，消費課税という点からすれば消費者の観点を重視すべきなのである。そして，一般消費課税という点に着目し，事業者を税を徴収するための存在として位置づけている。すなわち，売上税は間接税として価格に転嫁されその負担は消費者に帰着することになるため，その負担を最終的に負う消費者の観点から，給付と反対給付の結びつきをとらえるべきだと指摘している。[21]

そして10条における「得るために」という文言について，「1条1項1号における……定式よりも明確に，原因的な結びつき，つまり受給者，消費者に依拠する原因的な結びつきの要請を定めている」と指摘している。つまり，消費者の行為が課税対象になるかの判断基準となるというのが消費課税の原則であり，その適用が公正な結果につながるのである。[22]

このように，BFH は，売上税法の対価の定義に関する文言が目的的なものであるため，対価性の判断も目的性に着目し，対価を得る事業者の観点からそれを判断している。それに対して学説では，売上税法の「対価に対する」という文言から，対価として給付を得るための支出を反対給付としてとらえる考え方もある。これは消費者の観点からの考え方である。消費課税である売上税において，担税者である消費者の行為に判断基準をおくという考え方である。

ところで，売上税については EU における統一的な運用が求められている。そのため，EU 法での給付交換概念も重要といえる。そこでヨーロッパ裁判所 (EuGH) の判断，それに基づくドイツにおける議論をみていくことにしよう。

2　EuGH 判決による法律関係の要請と対価性

代表的な事例として EuGH 1994年3月3日判決がある。[23] この判決において EuGH は，EU 指令との関係での対価性の判断について，役務の提供者と受領者の間に給付交換に関する法律関係がなければ対価性が認められないと示している。[24]

そして，この判決から次のような場合に給付交換関係が肯定されると考えられている。すなわち，①提供された給付と得られた対価の間に直接的な関連が存在し，②給付者と給付の受領者の間に「法律関係」が存在する。そして③給付受領者が利益を得ており，④給付受領者において消費が生じている場合にのみ，給付交換関係が認められるということである。これは受給者の観点からのとらえ方である。

これについて，ドイツでは消費課税の原則により，給付受領者の観点から直接的な法律関連を要請する判決もある。例えば BFH 2006年11月9日判決である。[25] 本判決において BFH は，「提供された給付と受領した反対給付の間の直

接的関連の存在を前提としている」と述べている。そして，給付受領者の観点から法律関係をとらえている。本判決では，EuGH 判決を受けて，給付者と給付の受領者の間に「法律関係」の存在をとらえている。そして，給付受領者が自身に提供された給付のために消費を行ったということのみに依拠すべきであると，より原因的な関係を強調している。

しかしこの考え方によっても，a) 給付は，給付者が他者に目的行為が要請する個別に考慮可能な利益を譲渡し，b) 給付受領者（又はその者のために第三者）が原因的にこの給付によって給付者に対価を保障する場合にのみ認められることは，正しいと評価されている[26]。これは，売上税法上，給付受領者又は第三者が，事業者の給付を得るために行うすべての消費が対価として把握されることから，給付は反対給付のために提供されなければならないと目的性を重視する立場が根拠として考えられる[27]。

3 小　　括

このように，ヨーロッパにおける対価性をめぐる議論では，①提供された給付と得られた対価の間に直接的な関連が存在し，②給付者と給付の受領者の間に「法律関係」が存在する。そして③給付受領者が利益を得ており，④給付受領者において消費が生じている場合にのみ，給付交換関係が認められるということは認められている。

これらのことから，給付交換関係は，給付者が他者に目的的に個別に考慮可能な利益を提供すること，及び，給付受領者（又はそのための第三者）が原因的にこの給付によって給付者に対価を保障する場合にのみ認められるということが適切なように思われる。

おわりに

以上のことから，京都地裁判決のような因果関係によって対価性をとらえることには問題があるといえる。なぜなら，給付交換関係を因果性に基づいてとらえる場合，給付と反対給付の間の直接的な関連を要求すべきだからである。

また，消費税の「広く薄く」課税するという性質から，一般的・抽象的な関係で対価性を認めているが[28]，考慮すべきなのは消費税が最終的に消費者の負担となる性質なのである。だからこそ消費者の観点からも給付交換について判断すべきなのである[29]。

他方で，給付を提供する事業者は，反対給付が得られる，あるいはそれが期待できるからこそ給付を提供するといえる。そのため，対価性には事業者の観点から目的的な関連性の判断も必要となる。

以上のことから，両者の面をとらえた上で，個別・具体的な，直接的な関連性についての検討が必要になると思われる。また，このような検討での判断基準は法律関係である。消費税が様々な取引活動を前提とし，そこでの対価を中心概念としている以上，それを基礎づける法律関係が重要になると考えられるからである。つまり消費税における対価性のとらえ方は，給付と反対給付の関連を給付者と受領者の両側面から，法律関係において個別・具体的に，直接的な関連があるかを判断すべきなのである。

注
1) 例えば，遠藤浩ほか編著『民法(5)契約総論』（有斐閣，第4版，1996）48頁。
2) 吉村典久「消費税の課税要件としての対価性についての一考察―対価性の要件と会費・補助金」金子宏編著『租税法の発展』（有斐閣，2010）401頁。
3) 京都地判平成23年4月28日（TAINS: Z888-1586）。川田剛「弁護士会が弁護士から受領した負担金が消費税の課税対象になるとされた事例」税務事例43巻9号1頁，奥谷健「法律相談センターでの事件受任の際に弁護士会が会員弁護士から受ける受任負担金等の消費税における対価性」税務QA112号50頁等がある。
4) 引用内の〔 〕は筆者による補足である。
5) 前掲川田5頁，前掲奥谷53頁。
6) 田中治「消費税における対価を得て行われる取引の意義」北野弘久先生追悼論文集『納税者権利論の課題』（勁草書房，2012）555頁。
7) 前掲田中557頁。
8) 前掲田中558頁。
9) 前掲吉村参照。
10) 前掲吉村401頁。
11) 前掲吉村402頁。
12) 前掲吉村403頁。
13) 前掲吉村409頁。
14) 所得税法34条及び所得税基本通達34-1，34-4参照。

15) また,「何らかの因果関係があるということと,対価関係にあるということとは,論理の次元を異にするものである。判決の論理によれば,自発的な寄附金も強制に基づき賠償金も『反対給付』になりかねない」との指摘もある(前掲田中575頁)。
16) 前掲吉村に挙げられている参考文献を参照。
17) Bunjes, Umsatzsteuergesetz, 11. Aufl., 2012, § 1 Rz. 7.
18) A. O., Bunjes, § 1 Rz. 8.
19) BFH Urteil vom. 5. 1981-VR 47/76-, UStR 1981, 147.
20) Tipke, Steuerrechtsordnung Bd. II, 2. Aufl., 2003, S. 991f.; Tipke/Lang, Steuerrecht, 20. Aufl. 2010, § 14. Rz. 34ff.
21) Tehler, Der Begriff „Leistungsaustausch" im Umsatzsteuerrecht, DStR 1983, S. 215, 217.
22) A. O., Tehler, S. 218.
23) EuGH C-16/93, EuGHE 1994 I-743.
24) A. O., EuGHE 758f.
25) BStBl. II 2007, 285.
26) A. a. O., Tipke/Lang, § 14 Rz. 37.
27) Birk, Steuerrecht 14. Aufl., 2011, Rdnr. 1701.
28) 前掲吉村402頁。
29) 前掲田中575頁。

4 財政赤字, デフレーション, 消費税

梅 原 英 治
(大阪経済大学)

はじめに

本報告の課題は, 消費税が財政赤字とデフレーションという現代日本の経済財政運営の抱える2つの最重要問題とどのように関わるかを明らかにして, 今後の経済財政政策のあるべき方向を提示することである。

以下, Ⅰでは, 財政赤字拡大の要因を分析し, 収入調達手段としての消費税の寄与度を示す。Ⅱでは, デフレが税収と歳出面から財政赤字を拡大してきたことを整理し, 特に1997／98年度以降の雇用・賃金構造の変化が社会保障関係費の増加をもたらしてきたことを強調する。Ⅲでは, 今後の経済財政政策のあるべき方向として, デフレ脱却を最優先すること, それに伴う名目 GDP の増加を吸収するには消費税増税よりも所得税・法人税中心の税制の再建が有効であることを訴える。

Ⅰ 財政赤字と消費税

1 現下財政危機の3つの局面

戦後財政の起点となる財政法 (1947年制定) は第4条で公債不発行を原則とし, 建設公債を国会の議決の範囲内で発行を認めた。

それ以降の日本財政は公債発行からみると4つの時期に区分でき, 公債不発行の第1期 (1947〜65年度当初予算), 建設公債発行の第2期 (1965年度補正〜75年度当初予算), 赤字特例債を含む公債大量発行の第3期 (1975年度補正〜92年度当初予算), 赤字特例債大量発行の第4期 (1992年度補正予算以降) に分かれる。

なお，財政法第４条でいう公債は交付国債，借換債，外国債，短期国債，政府保証債，地方債などを対象外としており，第１期ではこれらを活用することで"公債不発行"を維持していた。その意味で，上記４つの時期は公信用への依存深化の過程でもある。

戦後４期目となる現在の財政危機は1992年度補正予算から始まる。1980年代後半のバブル経済は90年代に入るとともに崩壊し，それに対し1992年８月の総合経済対策を起点として建設公債が増発され，1994年度当初予算からは赤字公債の発行が再開され，次第に発行が大規模化し公債残高を膨張させて現在に至る。

第４期に入る直前の1991年度末の国債残高が171.6兆円で，2012年度末見込みが708.9兆円であるから，第４期だけでそれまでの国債残高の３倍以上も積み上げたことになる。

この第４期も公債依存の深まりによって３つの局面に分かれる。第１局面は1992年度補正予算から1998年度当初予算までの時期で，バブルの破綻により公債依存度が「10％越え」「20％越え」した。第２局面は1995年度補正予算から2008年度当初予算までの時期で，橋本内閣の財政構造改革の失敗と金融恐慌により公債依存度が「30％越え」「40％越え」した。そして第３局面は2008年度補正予算以降の時期で，リーマン・ショックや政権交代，東日本大震災により公債依存度はついに「50％越え」する。

２　財政赤字を拡大した５つの主要因

このように1992年度以降,日本財政は凄まじい勢いで公債依存を深めてきた。何が公債依存を深化させたのだろうか。

財政危機に陥る直前の1991年度決算額を基準とし，それ以降の各年度における歳入（公債金，前年度剰余金受入，決算調整資金受入を除く）と歳出（決算不足補てん繰戻を除く）の各費目の増減額を累計することによって，この時期の３つの局面における財政赤字の規模と要因を分析すると表４-１のようになる。

1992～2012年度の21年間に増加した財政赤字（収支差額）の規模は513.7兆円で，歳入の減少で221.0兆円（43.0％），歳出の増加で293.7兆円（57.0％）を生じ

表 4-1 財政赤字拡大の要因分析

(単位：兆円, %)

区 分	歳入側の主な要因				歳出側の主な要因				財政赤字 (収支差額)	(参考) 公債金
	所得税	法人税	消費税	その他と も歳入計	社会保障 関係費	公共事業 関係費	国債費	その他と も歳出計		
金額（兆円）										
第1局面（1992～97年度）	▲35.5	▲19.7	7.8	▲38.6	11.8	28.2	▲6.6	27.1	▲65.7	63.3
第2局面（1998～2007年度）	▲109.3	▲47.7	51.2	▲114.3	72.0	24.6	24.6	140.3	▲254.6	257.1
第3局面（2008～12年度）	▲66.8	▲40.0	25.6	▲68.0	75.0	▲3.6	21.7	125.4	▲193.4	195.9
合 計	▲211.6	▲107.4	84.5	▲221.0	158.9	49.3	39.7	292.7	▲513.7	516.3
構成比（％）										
第1局面（92～97年度）	54.0	29.9	▲11.8	58.8	17.9	43.0	▲10.1	41.2	100.0	
第2局面（98～07年度）	42.9	18.7	▲20.1	44.9	28.3	9.7	9.7	55.1	100.0	
第3局面（08～12年度）	34.5	20.7	▲13.2	35.2	38.8	▲1.9	11.2	64.8	100.0	
合 計	41.2	20.9	▲16.4	43.0	30.9	9.6	7.7	57.0	100.0	

(注) 1. 2010年度まで決算，2011年度は第4次補正まで，2012年度は当初予算。
    2. 計算方法については，梅原英治「90年代以降の日本における財政危機の要因と背景」(『立命館経済学』第59巻第6号，2011年3月所収)を参照されたい。

ている。その内訳を大きいものから順に挙げると，①所得税の減収211.6兆円（41.2％），②社会保障関係費の増加158.9兆円（30.9％），③法人税の減収107.4兆円（20.9％），④公共事業関係費の増加49.3兆円（9.6％），⑤国債費の増加39.7兆円（7.7％）となる。これが財政赤字拡大の主要因である。これらを合計すると100％を超えるのは，消費税の増加84.5兆円（16.4％）などの黒字要因によって超過分が相殺されるからである。

3 1998年度以降，財政赤字の規模と要因は変化する

局面ごとにみると，513.7兆円の財政赤字は，第1局面（1992～97年度）で65.7兆円（12.8％），第2局面で254.6兆円（49.6％），第3局面で193.4兆円（37.7％）発生しているが，1年当たりでみると，第1局面10.9兆円，第2局面25.5兆円，第3局面38.7兆円，全体平均24.5兆円となり，局面を追うごとに規模が拡大している。

要因も局面ごとに変化し，第1局面では所得税の減収（35.5兆円）と公共事業関係費の増加（28.2兆円）が財政赤字の大きな要因となっている。第2局面では所得税の減収（109.3兆円）が大きな要因となるとともに，社会保障関係費の増加（72.0兆円）も比重を増やしている。第3局面では社会保障関係費の増加（75.0兆円）がトップになり，公共事業関係費は黒字要因に転じている。

以上のように，1992年度以降の財政赤字拡大は規模と要因で1998年度以前の第１局面とそれ以降の２つの局面とでは違いがある。規模では，1998年度以降に生じたものが全体の87.2%を占め，後の局面ほど規模が増大する。財政赤字の要因では，1997年度までは公共事業関係費が大きかったが，1998年度以降は所得税・法人税の減収と社会保障関係費の増加が主因となり，近年になるほど社会保障関係費の増加が比重を増している。

4　消費税の伸び悩みも財政赤字拡大要因

　消費税は1989年４月に税率３％で実施され，1997年４月に４％（地方消費税と合わせて５％）に引き上げられた。

　1991年度を基準にした消費税の増収額は1992〜2012年度累計84.5兆円で，財政赤字を16.4％相殺する効果があった。もっとも，所得税の減収（211.6兆円），社会保障関係費の増加（58.9兆円）はいうに及ばず，法人税の減収（107.4兆円）にも達していない。

　局面ごとにみると，第１局面7.8兆円（11.8％），第２局面51.2兆円（20.1％），第３局面25.6兆円（13.2％）で，第３局面では増収額が低下している。これは財政赤字が拡大する一方，後述のように消費税収がデフレ下で横ばいになったためである。

Ⅱ　デフレーションと消費税

1　デフレに陥った日本経済

　財政赤字は第１局面と第２，第３局面とでは量的・質的に変化する。その背景には1997／98年度を境とする日本経済の構造変化があり，その象徴が名目GDPの減少である。

　名目 GDP は，バブル経済の破綻で「複合不況」に陥った1993年度を例外として，常に前年度より増えてきた。ところが，1997年度521.3兆円をピークに名目 GDP は減少に転じ，2002〜07年度の「戦後最長の景気拡大」によってもピークを上回ることができないまま，2008年９月のリーマン・ショックによっ

て激減させ,2010年度でも479.2兆円にとどまっている(内閣府『国民経済計算(2010年度確報)』2012年)。日本経済は1997／98年を境として名目 GDP を増やすことができない構造へと変質した。

名目 GDP は「実質 GDP × GDP デフレータ（物価指数）」で表されるが，実質 GDP は景気循環の波を描きながらリーマン・ショックまで趨勢的に増加するので，名目 GDP の減少はGDP デフレータの低下に起因する。GDP デフレータは1993年度頃から低下傾向がみられるが，消費税が増税された1997年度をピークに連続的に低下する。このような物価の持続的下落を「デフレーション」というが，日本経済は1997／98年を境としてデフレに陥ったのである。OECD 諸国を見ると，GDP デフレータを２年連続低下した国がほとんどなく，日本だけが10年以上も低下させている（OECD, Economic Outlook, No. 90, Nov. 2011）。

物価が下落すれば暮らしやすくなるという「よいデフレ」論があるが，デフレは他国通貨に対する円の価値を引き上げ，過剰な円高をもたらして国内産業を苦境に陥らせ，生産拠点の海外移転（いわゆる産業空洞化），雇用の悪化，地方経済の衰退をもたらす。国民の大多数は消費者であるとともに労働者であり，所得を稼がなければ消費はできず，「良いデフレ」論は当てはまらない。

2 デフレの原因を探る

デフレの原因については，実体経済面では，①グローバル化による安価な輸入品の増大，IT 技術革新や流通革新によるコストダウンなどの供給要因，②景気の弱さや人口構造の変化などによる需要要因，③銀行の金融仲介機能低下（貸し渋り）などの金融要因が挙げられる（内閣府『経済財政白書〔平成13年度版〕』2001年など）。しかし，①は欧米諸国でも当てはまるが，デフレは起きていない。②の人口構造の変化（特に生産年齢人口の減少）では1997，98年の画期性を証明できない。③については，銀行が貸出態度を軟化させても，デフレは進んでいる。

マネタリストたちは「インフレはいつでもどこでも貨幣的現象である」（ミルトン・フリードマン）という言葉をデフレにも当てはめ，デフレの基本原因を貨幣増加率の低さに求め，マネタリーベース（現金通貨＋日銀当座預金）の供給

不足によって起こっているとみなす。そこから目標インフレ率を設定して、マネタリーベースを増やし、人々の期待（投資収益に対する予想）を動かして株高・円安をめざし、デフレから脱却すべしという「インフレ・ターゲッティング」論が登場する。

　これに対して日銀は、量的緩和をしても企業が借入を増やして金融機関の貸出が増えなければ、日銀の当座預金残高が増えるだけとの反論を行っている（いわゆる「ブタ積み」論）。

　インフレ・ターゲッティング論は、日銀が大量に国債を購入してマネタリーベースを増やし、マネーストックを増加してインフレを起こそうとする。ただ、マネーベースの増加がマネーストックの増加に結びつくには、銀行による貸出の増加という信用創造のプロセスが動かなければならない。しかし、銀行がいくら貸出を増やそうと思っても、企業や家計に借入需要がなければ貸出は増えない。実際、2001～06年の量的緩和政策では貸出が増えず、マネタリーベースの増加に応じてマネーストックは増えなかった。

　本報告では、実体経済と金融経済を結ぶ媒介環として賃金を重視したい。多くのデフレ原因論では、賃金はサービス価格の下落要因としてしか扱われていないが、賃金は労働者の所得として消費と貯蓄の元本を形成する。賃金の下落や不安定雇用は安上がりの生活スタイルを必要とし、安価な輸入品などへの需要を生み出す。家計の消費や住宅投資は総需要の6割を占め、その動向を左右する。消費や住宅投資の高まりがなければ、企業は設備投資も資産需要も増やさない。家計や企業の資金需要が高まらなければ、マネーストックは増えず、物価は上昇しない。そして貯蓄が低迷すれば、金融仲介機能も低下する。このように、賃金の動向は供給・需要・金融の各面に大きな影響を与える。

　この点で、1年を通じて勤務した給与所得者の1人当たり給与額は1998年分467万円をピークに減少し、リーマン・ショック後の2009年分では406万円とピークから13.1％も減少している（国税庁『税務統計からみた民間給与の実態』各年版）。OECD諸国を見ても、1人当たり雇用者報酬が1997年より下がった国は日本だけである。そして賃金の引き上げが伴わなければ、インフレ・ターゲッティング政策は実質賃金の引き下げを招き、内需を軸にした経済成長につなが

らない。デフレからの脱却には賃金の上昇が不可欠である。

3　非正規雇用の増大と賃金の二極化

　重要なことは，今回の賃金下落が雇用の劣化を伴って起こっていることだ。1995年の日本経営者団体連盟（現在の日本経済団体連合会）報告書『新時代の「日本的経営」』は「総額人件費の抑制」を掲げつつ，今後の雇用システムのあり方として，労働者を①「長期蓄積能力活用型」，②「高度専門能力活用型」（企画・営業・研究開発），③「柔軟雇用型」（一般職・技能職など）に3分割し，②③への有期雇用の導入，年功制の否定を提起した。すなわち，フルタイムの正社員を限定し，派遣社員や契約・委託社員，パートタイムなど非正規労働者の活用を促したのである。

　こうした経済界の要望などに基づいて雇用改革が進められ，労働者派遣法については，1996年改定で対象業務を16業務から26業務に拡大し，1999年改定では対象業務を限定列挙するポジティブ方式から，禁止業務（製造現場，港湾運送，建設，警備，医療）以外は原則自由とするネガティブリスト方式に変えられた。そして2003年改定によって，2004年から製造業務の派遣が解禁された結果，工場現場作業への労働者派遣が一挙に拡大した。正規労働者は1997年3812万人をピークに減少に転じ，2011年には3300万人，13.5%も減る一方，非正規労働者は増加し続け，2011年では雇用者数5130万人に対し非正規労働者は1834万人，35.8%を占めるに至っている（総務庁『労働力調査』）。

　このような非正規労働者の賃金は全体として正規労働者より低く，月給ベースでは正社員31.2万円に対し，正社員以外（契約・嘱託・出向社員，派遣労働者，臨時的雇用者，パートタイム労働者など）は19.8万円と6割程度にすぎず，年功制もなく賃金カーブはほぼ横ばいである（厚生労働省『賃金構造基本統計調査』2010年）。社会保険の適用率は正社員では100%近いが，正社員以外では雇用保険60%，健康保険48.6%，厚生年金146.6%と大きく下回る（厚生労働省『就業形態の多様化に関する総合実態調査』2007年）。

　このような雇用構造の変化は，成果主義賃金の普及などと相まって，多数の低賃金労働者を生み出す一方，高所得労働者も少ないながら増やし，賃金構造

を二極化して格差を拡大した。

　給与所得者の数は，給与所得総額がピークに達した1997年分4526万人から2010年分4552万人へ26万人（0.5%）増加しているが，その内訳をみると，400万円超2000万円以下の層が大幅に減少する一方，400万円以下の層で438万人（中でも100万円超200万円以下で203万人，200万円超300万円以下で157万人），2000万円超の層で3万人増えており，少数の上層と多数の下層へ分解しつつある（国税庁『税務統計からみた民間給与の実態』各年版）。

　多数の低賃金労働者，とくに生活保護基準以下のワーキングプア（働く貧困者）の増大は，1998年以降4％台を超えた完全失業者の増大とともに，国民の間に貧困を広めることとなった。1998年以降，自殺者が3万人を突破してきたこともそれと不可分ではない。

　雇用の劣化，格差・貧困の拡大を伴う賃金の下落は，家計の消費支出や住宅投資を低迷させる。企業はそれに対応すべく値下げに走り，物価を下落させる。値下げ競争は企業経営を圧迫し，人件費や下請コストの引き上げ圧力となり，さらに賃金の下落と雇用の劣化をもたらす。このような賃金の下落と物価の下落の悪循環に日本は陥ってきたのである。

4　デフレによる税収減少による財政赤字の拡大

　デフレは税収を減らして財政赤字を拡大する。デフレは名目国民所得を減らすので，給与などにかかる所得税収を減少させる。また，デフレは金利を低下させるので，利子所得にかかる所得税も減らす。こうした所得の減少で消費は伸びないため，消費税収が増えず，事業所得などにかかる所得税や法人税も増加できない。そこに高所得層・資産家層や大企業向けの減税が加わったため，税収は激減した。

　財政赤字拡大の最大項目である所得税の減収は1992～2012年度の累計で210.8兆円にのぼり，源泉所得税で124.8兆円（59.2%），申告所得税で86.0兆円（40.8%）減少している（国税庁『国税庁統計年報』各年版）。ただし，2007年度分から行われた個人住民税への税源移譲3兆円の影響も大きい。

　税務統計の都合上2年短くなるが，源泉所得税の減少は1992～2010年度累計

99.7兆円のうち，利子所得税の減少69.6兆円（69.8％）と給与所得税の減少38.7兆円（38.8％）がほとんどを占め，それを配当所得税の増収5.9兆円（59％）などが相殺している。

利子所得税は1991年度に5.4兆円あったが，金利の低下とともに減少し，2010年度には5482億円と10分の1になった。名目金利は「実質金利＋物価」で表されるので，物価の下落は名目金利を低下させ，家計の利子所得を大幅に減らしてきた。

給与所得税は1991年度には12.8兆円あったが，2010年度には8.5兆円と3分の2しかない。同期間における給与所得額の減少幅は4.4％なので，給与所得税の落ち込みは，税源移譲のほか，給与所得者のなかでの納税者の減少，低い給与所得層の増加，課税最低限の引き上げ，税率の改定（最高税率は1995年課税所得3000万円超50％から1999年1800万円超37％へ引き下げ，税源移譲に伴い2007年以降1800万円超40％）などが作用している。

他方，企業は「総額人件費」の削減によって膨れた利益をもとに，配当を増やしてきた。2005〜07年にはミニバブル現象も起こった。それらによって大幅な増収が期待できたが，配当所得に対する分離課税や軽減税率の適用は配当所得税の増収を弱めさせてしまった。

申告所得税でも同様のことがいえるが，ここでは事業所得の減少も付け加わる。

法人税の減収も財政赤字の重要な要因である。利益計上法人についてみると，申告所得金額に対する法人税額の割合は1990年分では35％あったが，2000年分から低下し，最近では25％前後になっている（国税庁『税務統計からみた民間企業の実態』各年版）。法人税率の引き下げ（1998，99年度）や研究開発投資減税の拡充（2003年度）による負担率の引き下げのほか，組織再編税制（2001，07年度），連結納税制度（2002年度），欠損金繰越期間の延長（2004年度，01年分から遡及適用），減価償却制度の抜本見直し（2007，08年度），外国子会社配当の益金不算入（2009年度）などによる課税ベースの縮小が影響している。法人所得が増加しても，法人税負担が増えないようにされてきた。

所得税・法人税の減収による財政赤字の拡大に対し，消費税はその相殺要因

として機能するはずだが，デフレ下では十分機能してこなかった。消費税の特徴の１つは税収の安定性であるが，それでも３％時代には1990年度4.6兆円から1996年度6.1兆円へ31.0％増加してきた。ところが，税率引き上げの翌年度（1998年度）以降をみると，消費税収は最小9.7兆円（2003年度）～最大10.6兆円（2005年度）という狭いレンジの中に収まっている（財務省『財政金融統計月報』各年「租税特集」より）。2002年１月から2008年２月まで「戦後最長」の景気拡大があり，消費税の免税点・簡易課税適用上限の引き下げや申告納付回数の増加などが行われたにもかかわらず，消費税収は2001年度9.8兆円から2005年度10.6兆円へ8.9％しか増加していない。デフレ下での消費税収の伸び悩みは財政赤字を拡大することにつながったといえる。

5　雇用・賃金の構造変化と社会保障関係費の増加

　財政赤字拡大の歳出面での最大要因は社会保障関係費の増加であり，局面を経るごとにその比重を増してきた。社会保障関係費の増加については高齢化に伴う社会保障関係費の「自然増」が指摘される。確かに高齢化の影響が大きいが，雇用の劣化や賃金の下落も大きな影響を与えてきたことを強調しておきたい。

　国立社会保障・人口問題研究所『社会保障給付費』によれば，社会保障関係費は社会保障財源の一部（公費負担の中の国庫負担）を構成し，社会保障給付費と社会保険料収入のギャップを補うものとみることができる。ここで注目されるのは，社会保障給付費が一貫して増大しているのに対し，社会保険料収入が1998年度以降横ばい，時には減少して，両者のギャップが開き，それが国庫負担（社会保障関係費）の増大を招いていることである。つまり，社会保障関係費の増加は社会保障給付の増大によるところもあるが，社会保険料収入の低迷の方にも大きな原因がある。

　社会保障給付費と社会保険料収入のギャップ拡大の第１の原因は，生活保護や社会福祉のように，社会保険料を伴わない社会保障給付が増大してきたことである。生活保護費だけで社会保障関係費の増加の9.4％を占める。社会福祉費7.6％，失業対策費2.8％を加えると，２割程度が社会保険費以外での増加分

になる。

　第2の原因は，社会保険料収入の低迷である。社会保険料収入は被保険者拠出と事業主拠出に分かれる。被保険者拠出はリーマン・ショックまで一貫して増大しているのに対し，事業主拠出は1998年度をピークに横ばいに転じ，2000年度以降は減少している。その結果，従来は事業主拠出の方が被保険者拠出より大きかったのであるが，2003年度からは被保険者拠出の方が多くなっている。すなわち，社会保険料収入の低迷または減少は事業主拠出の低迷または減少によるものである。

　このような事業主拠出の低迷・減少は「総額人件費」の削減を反映したものである。1つは企業年金制度の縮減である。特に厚生年金基金では，大企業（あるいは連合組織）が国に代わって厚生年金を支給するとともに，独自の上乗せを行ってきたのだが，バブル破たん後の資産運用実績の悪化に伴う事業主負担の増加のため，代行部分を国に返上し，2002年制定の確定給付企業年金への移行が進められ，事業主拠出を大幅に減らしてきた。

　もう1つは賃金切り下げの影響である。被保険者拠出と事業主拠出については，事業主拠出のない被保険者拠出だけのもの（国民健康保険，後期高齢者医療制度，介護保険，国民年金）があれば，逆に事業主拠出だけのもの（労働者災害補償保険，児童手当）もあるが，それらを除けば両者は基本的にほぼパラレルな動きを示して，賃金の動きを反映する。それゆえ，社会保険料収入の低迷または減少は賃金下落の裏返しにほかならない。しかも，社会保険料率が高められてきたことを考慮すると（厚生年金は総報酬制に変わった2003年度135.80‰から2011年9月164.12‰へ28.32ポイント上昇），社会保険料収入の低迷または下落は賃金の下落が保険料率の上昇以上に大きかったことを物語る。それが1998年度から起こってきたのであり，社会保障給付とのギャップを拡大し，国費負担（社会保障関係費）を増大させてきたのである。

　また，非正規労働者は一定の条件がなければ厚生年金などに加入できないので，国民年金など被用者負担のない社会保険に加入せざるをえない。厚生年金などへの加入は3分の1程度で，残りの3分の2程度が国民年金などに加入したものと推定されるが，それが退職高齢者の増加などと相まって被保険者拠出

を増加させてきた。

そして低賃金労働者の中には生活苦ゆえに社会保険料を払えずにいる者もいる。国民健康保険や国民年金などの納付率は低下し、収入を落ち込ませてきた。

このように社会保障関係費の増加を分析すると、高齢化の進展に伴う「自然増」だけでなく、1990年代末以降の賃金・雇用の構造変化によって、一方では貧困など社会保障需要が膨張し、他方では社会保障の財源基盤が掘り崩されてきた影響も大きいことがわかる。換言すれば、「総額人件費の削減」によって、企業が社会保障負担を国家に転嫁してきたことが社会保障関係費を増加させ、財政赤字を拡大させる重要な要素になってきたのである。

さらにいえば、「総額人件費」の引き下げや法人税の減少は、支払配当を増やしても、企業の内部留保を増大してきた。資本金10億円以上の大企業の内部留保（資本剰余金・利益剰余金・引当金の合計）は1997年142兆円から2010年261兆円へ83.8％も増えている（財務省『財政金融統計月報』各年「法人企業統計年報特集」より）。企業は「総額人件費」を切り下げて社会保険料収入、所得税収を減らす一方、法人税が軽減されて、内部留保を増やしてきた。ここに現代日本の財政危機の本質がある。すなわち、企業が国家と国民に自らの負担を転嫁してきたことが財政赤字の真因なのである。

III　デフレ下での財政再建のあり方

1　社会保障・税一体改革は財政再建に役立たない

以上のように財政赤字拡大の要因と背景を調べてくると、消費税増税を中心とした社会保障・税一体改革がそれらと相容れず、財政再建のあり方としても間違った方向にあることがわかる。

消費税増税は日本経済の再生にも財政再建にも役立たない。第1に、消費への課税を増やすことは、景気を悪化させ、デフレを深化・長期化させる。一時的な駆け込み需要の後は、金額の大きい耐久消費財や住宅投資などで影響が長引く。自動車の新車登録台数も、住宅の新設着工戸数も、前回消費税増税時（1997年度）がピークで、その後回復していない。デフレ下で消費税を増税すること

は橋本内閣の財政構造改革の失敗の二の舞となる可能性が高い。第2に，消費税は負担が逆進的で，経済格差を拡大する。第3に，損税（税を転嫁できず自己負担する）問題や益税（消費者が支払った消費税が国庫に納まらず，事業者の手元に残る）問題を拡大する。

『消費税は「弱者」にやさしい！』『消費税25％で世界一幸せな国デンマークの暮らし』などという本が出ているが，読んでみれば「弱者にやさしい」「幸せな暮らし」をもたらしているのは社会保障や教育制度であり，消費税ではない。一体改革では消費税の「社会保障目的税」が唱えられているが，ノンアフェクタシオン（目的税禁止）の予算原則に反するだけでなく，消費税増税のうち1％分しか社会保障の「充実」には用いられず，それも年金のマクロ経済スライドによる減額などが行われれば帳消しになる。

2　デフレ下での財政再建のあり方

一般に，経済成長のメカニズムは，〈需要増→供給増→所得増→需要増……〉のように働く。ところが，政府の経済成長戦略は〈供給増→所得増→需要増→……〉というもので，民主党になってからは「需要創出」を謳うものもあるが，内実は企業の供給能力の拡大を優先するものである。しかし，デフレ下で供給能力を拡大すれば供給過剰が増すだけである。また，たとえ〈供給増→所得増〉となっても，企業所得が賃金増に結びつかない以上，〈所得増→需要増〉のルートが切断される。そして家計の所得が増えなければ，企業の投資も高まらず，金融機関に対する資金需要も起こらない。信用創造のプロセスが動かなければ，マネタリーベースを増やしてもマネーストックの増加に結びつかず，物価は上昇せず，円高も止まらない。

財政再建のあるべき方向は以上から明らかである。まずはデフレからの脱却を最優先して全力で取り組むことが必要である。デフレ脱却のあるべき方策の第1は，〈需要増→供給増〉という循環の"最初の一撃"として財政支出を増やすことである。この点では震災復興が重要で，被災地・被災者の生活と営業再建そして防災のために十分な直接支出を行うことが必要である。

第2は，財政からの後押しを〈供給増→所得増→需要増〉に結びつけられる

よう，雇用・賃金の改善を図ることである。雇用を全体として増やしながら，非正規雇用の比率を引き下げ，賃金を全体として底上げすることである。そのために，労働者派遣法など労働法を抜本的に改正し，派遣や契約などを限定し，正規・非正規労働者の差別・格差をなくすことが必要である。それなしにはデフレからの脱却は一時的なものにとどまるであろう。

　第3は，こうした実体経済の動きにあわせて，通貨の側面からマネタリーベースを供給することである。それによってマネーストックが増えていけば，デフレから脱却することができる。

　第4は，名目GDPの増加を税収として吸収するため，所得弾力性の高い所得税・法人税中心の税制を再建することである。

　最後に公債について触れておけば，日本では大企業のカネ余りのもとで国債のほとんどが国内で消化されており，ギリシャなど欧州ソブリン危機とはまったく異なる構造にある。第2，第4の取り組みによって法人企業の資金余剰が減少し，家計の資金余剰が増えて，資金循環は本来のあり方に戻っていく。そのプロセスにおいて，公債の発行・流通市場が混乱しないよう，日銀とともに安定性を確保する必要がある。急がず着実に債務を減らしていくことが，膨大な国債残高を抱えた状況下では必要なことである。

　　＊　報告時には多数の図表を用いたが，紙数の都合上，1枚を除いてすべて削除させていただいたことをお断り申し上げます。

5 消費税を法人事業税・付加価値割と合体する提言

湖 東 京 至
(元静岡大学教授・税理士)

I 消費税・付加価値税の原型は直接税

　多くの人々はヨーロッパ諸国で実施している付加価値税やわが国の消費税を間接税だと信じて疑わない。政府・国税庁の広報文書にも、「消費税は原材料段階から小売段階まで次々と税が転嫁し、最終的に消費者が負担するもの」と書かれている。直接税と間接税の区分について通説は次のようにいう。「直接税は税法上の納税義務者と実際に租税を負担する担税者とが一致していることが予定されているものをいい、……間接税は税法上の納税義務者と実際に租税を負担する担税者とが不一致であることが予定されているものをいう」[1]とされている。
　つまり、直接税は立法者が税の転嫁を予定しておらず、間接税は転嫁を予定しているという点が違うというわけである。この区分からすると消費税は立法府・行政府が転嫁を予定するとしているから、間接税に区分されるかもしれない。だが、以下に指摘するように、筆者は消費税・付加価値税はその生い立ちからして、また経済実態からして、さらに法律規定からして直ちに間接税に区分することを是としない。
　付加価値税を広く世に紹介したのはカール・S.シャウプ博士であるといわれる[2]。シャウプは1943年、付加価値税という名の税を採用するよう提唱し、実際に日本で実施するようシャウプ勧告に盛り込んだ。シャウプは1950(昭和25)年、当時日本で実施されていた事業税にかえて同税を導入するとし、同年「附加価値税法」が国会に上程され、成立した。だが、国民・とりわけ事業者

の反対が多く一度も実施されないまま4年後に撤回されている。

　シャウプの付加価値税の特徴は事業税にかえて導入するものであるから間接税であるはずはなく，直接税に位置づけられた。課税標準は企業の付加価値であり，納税額の算定方式は加算法と控除法の選択制となっていた。加算法は（企業利益＋給与支払額＋支払利子＋支払賃借料）×税率，で求められる。控除法は（売上高－仕入高等）×税率，で求められる。標準税率は4％。[3] 2つの算定方式のうち，原則的には控除法によることとしていたが，第2次勧告で中小企業に配慮し加算法によることも認められた。[4] 控除法と加算法のいずれによっても同じ課税標準が算定されることはいうまでもない。ちなみにシャウプの控除法は現行消費税・付加価値税における仕入税額控除方式の原型であり，加算法は現行法人事業税における付加価値割の原型である。

　シャウプの付加価値税のもう1つの特徴は，直接税として提案されたため輸出戻し税制度（輸出還付金制度）がなかったことである。輸出販売による利益も国内販売と同様，課税標準に含まれることになる。また，直接税であるから価格への転嫁も考慮の外であった。

II　付加価値税を無理矢理間接税としたための基本的欠陥

　日本で付加価値税が撤回された1954年，フランスはそれまであった「生産税」（Taxe à la production，メーカーの蔵出し価格に課税する単段階税）を付加価値税に移行した。その際，輸出還付金制度を設ける必要性から，本来直接税である付加価値税を無理矢理「モノに着目して課税する間接税」であると定義した。その理由は，ガット協定にある。ガット協定では直接税を還付することを認めていないが，間接税なら税の還付を認めているからである。

　この点についてアメリカ国務省は，「本来直接税である付加価値税を間接税であるとすることによって，輸出を助成することはおかしい」と鋭く批判している。[5] 極論すればフランスは直接税である付加価値税を間接税であるかのように人々に錯覚させたのである。そのため，付加価値税・消費税には直接税の側面が顕著に残っている。たとえば，価格への転嫁問題であるが，転嫁は法的に

5 消費税を法人事業税・付加価値割と合体する提言

も経済実態的にも強制されていない。そもそも「転嫁」という言葉自体消費税法・付加価値税法にはない。したがって消費者と事業者の関係は消費税を「負担する，預かる」という関係にない。多くの消費者はこの実態を知らない。政府の「ペテン」に乗せられているのである。

　消費者と事業者の関係を端的に示した判決がある。この裁判は消費税が導入されて間もなく，ある消費者グループが損害賠償事件として国を訴えたものだが，判決は次のように判示して原告敗訴を言い渡した。

> ……消費者が事業者に対して支払う消費税分はあくまで商品や役務の提供に対する対価の一部としての性格しか有しないから，事業者が，当該消費税分につき過不足なく国庫に納付する義務を，消費者との関係で負うものではない。
> 　　　　　　　　　　　　　　　　　　（平成2年3月26日東京地裁確定判決）

　すなわち判決は，消費者が税と思っているのは物価の一部であり，消費者は事業者に消費税を税として預けたことはなく，事業者も預かったことはない，というのである。つづめて言えば消費税は間接税ではなく，事業者が自分の税額を計算して納める直接税だといっているのである。この判決は被告・国の主張を裁判所がそっくり受け入れたものである。したがって，消費税の仕組みに対する政府の公式見解とみていい。

　にもかかわらず，政府・国税庁は消費税は「預り金的な税」（「預り金」とは言わない）であるといい，滞納している事業者を「盗人」扱いする。消費税は赤字でもかかる直接税であり，そのため，滞納が頻発するのである。これは本来直接税である付加価値税・消費税を無理矢理間接税とした基本的欠陥から招来するものであり，滞納する事業者の責任ではない。

　消費税が間接税ではない証拠をもう1つ挙げよう。わが国の国税犯則取締法施行規則第1条は間接国税を列挙している条項である。同条には酒税，たばこ税，揮発油税，石油ガス税等を挙げているが，消費税は間接国税に挙げられていない（課税貨物を保税地域から引き取る場合の消費税だけは間接国税としている）。

Ⅲ 輸出還付金制度を支えるゼロ税率と仕入税額控除制度

フランスは輸出還付金制度のために「ゼロ税率」による課税方式を考案した。ゼロ税率とシャウプの付加価値税にあった控除法を用いることにより，輸出企業に実質的な補助金を与えることに成功したのである。それまで輸出販売については，売上税や物品税に免税措置（還付金のない単なる免税）が設けられていた。還付金を支給し，輸出企業を国家が税を通じて援助する方法はフランスの発明である。

筆者は，フランスが実質的な輸出補助金を支給するため，付加価値税を間接税として導入したのであり，その動機はきわめて不純だと考える。そもそも，輸出企業は下請企業に消費税を支払っていない。すなわち経済的に見れば，輸出大企業（親会社）は下請単価や納入価格の決定権をもっており，常にその引き下げを迫る。仮に請求書に消費税が別記されていたとしても，本体価格を下げられれば価格への転嫁が行われたことにならない。

一方，法的に見れば，消費税法のどこにも価格への転嫁規定がないうえ，輸出企業は税として下請先に消費税を払ったことはない。それは消費者と事業者の関係を示した判決でもすでに明らかであろう。件の判決文をトヨタと下請業者の関係にアレンジしてみよう。

> ……トヨタが下請業者に対して支払う消費税分はあくまで商品や役務の提供に対する対価の一部としての性格しか有しないから，下請業者が，当該消費税分につき過不足なく国庫に納付する義務をトヨタとの関係で負うものではない。
> （東京地裁平成2年3月26日判決文アレンジ）

つまり，法的に見ればトヨタは消費税として下請に税を払ったことはなく，払ったと錯覚しているものは物価の一部である。払ったこともない税金を自分が払ったものとして還付を請求するのは「いわば横領」であるといってよい。輸出還付金制度は消費税の恥部であり，最大の不公平税制である。筆者がわが国の有力20社の還付金額を推算したのが表5-1である。

5 消費税を法人事業税・付加価値割と合体する提言

表 5-1 有力20社の最新輸出還付金額の推算

(単位：億円)

企業名	事業年度	消費税還付金額	輸出割合	本社の所轄税務署
トヨタ自動車	2011.4〜2012.3	1,695	60.61%	愛知　豊田税務署
日産自動車	同	977	67.22%	神奈川　神奈川税務署
豊田通商	同	910	55.44%	愛知　中村税務署
三井物産	同	867	51.99%	東京　麹町税務署
丸紅	同	843	31.99%	同
住友商事	同	737	47.39%	東京　京橋税務署
三菱商事	同	674	18.50%	東京　麹町税務署
ソニー	同	642	67.59%	東京　芝税務署
パナソニック	同	605	46.99%	大阪　門真税務署
東芝	同	566	54.50%	東京　芝税務署
キヤノン	2011.1〜2011.12	540	77.30%	東京　蒲田税務署
マツダ	2011.4〜2012.3	527	75.70%	広島　海田税務署
伊藤忠商事	同	509	29.70%	大阪　北税務署
本田技研工業	同	466	59.60%	東京　麻布税務署
三菱自動車	同	423	73.49%	東京　芝税務署
新日本製鐵	同	310	32.79%	東京　麹町税務署
任天堂	同	198	77.09%	京都　下京税務署
スズキ	同	120	40.44%	静岡　浜松東税務署
三菱重工業	同	83	41.89%	東京　芝税務署
日立製作所	同	59	42.69%	東京　麹町税務署
合計		1兆1,751億円		

(注) 1. 還付金額は国税分4％と地方消費税1％の合計5％で計算。
    2. 輸出割合はトヨタ，日産，ホンダ，マツダ，三菱自動車，スズキは単社の公表割合を用いている。他の各社は連結決算の公表割合によっている。
    3. 平成24年度分の政府予算書によれば還付金の総額は2兆5000億円となっており，上の表の上位20社でおよそ47％を占めていることになる。

(出所) 最新有価証券報告書に基づき筆者推算 (2012年9月作成)。

Ⅳ　現行法人事業税の付加価値割と消費税の合体，「新付加価値割」の提言

　よく，「輸出還付金制度を廃止するにはどうすればよいか」という質問を受ける。答えは「消費税を廃止すること」につきる。廃止すればよいのはわかっているが財源はどうするのか，仕組みを変えることはできないのか，という疑問もある。何としても消費税をなくしたいが，どうしたらいいのか。こうした疑問に答えるため，以下に消費税を事業税の「付加価値割」に移行・合体することを提言する。

　消費税にある基本的欠陥は，

(1) 輸出還付金制度による不公平の問題,
(2) 多発する滞納問題,
(3) 事業者の価格転嫁の問題,
(4) 社会保険診療報酬など非課税がかえって損をする問題,
(5) 事業者免税や簡易課税の問題,
(6) 低所得者に対しても物価として負担を求める問題,

等々である。これらの基本的欠陥を解決するために消費税を現行法人事業税の付加価値割と合体することを提言する。

V 現行法人事業税の付加価値割の概要

現行法人事業税には所得割と収入割のほか, 2003 (平成15) 年に導入された付加価値割と資本割がある。所得割は各事業年度の所得に課税されるから, 課税標準は通常法人税法上の所得金額 (または欠損金額) である。付加価値割は各事業年度の付加価値, すなわち報酬給与額＋純支払利子＋純支払賃借料＋単年度の損益額である (地方税法72条の14)。この課税標準算定方式は奇しくもシャウプの付加価値税の加算法と同じであり, 課税標準額は消費税の仕入税額控除方式による課税ベースに近似した額となる。なお, 付加価値割の報酬給与額には役員や使用人に対する報酬, 給与, 賃金, 賞与·退職手当などのほか, 派遣労働者の提供を受けた法人はその派遣契約料の75％を加算した額となっている (地方税法72条の15第2項1号)。

2000 (平成12) 年7月, 政府税調が法人事業税に外形標準課税 (付加価値割·資本割) を導入しようとした際, 筆者はこれに反対した。反対の理由は, 外形標準を利潤＋支払利息＋賃借料＋給与総額に求めている点である。特に給与総額を課税標準にすることは労働集約型の中小企業に課税が偏重し産業間に中立的でないばかりか, 雇用の悪化をもたらすと指摘した。また平均税率で課税することや免税点を設けないことは応能負担原則に反するとして批判した。[6]

その後, 事業税の付加価値割に対する反対運動もあり, 派遣労働者に対する派遣料支払額の75％を給与総額に加えるとともに, 資本金1億円超の法人に限

定して課税することとなり（地方税法72条の2第1項），現在に至っている。なお，現行法人事業税の付加価値割に対する標準税率は0.48％の平均税率となっている（地方税法72条の24の7第1項1号）。

Ⅵ 応能負担に適う「新付加価値割」の模索

筆者は現行消費税を法人事業税の付加価値割に合体するに際し（仮にこれを「新付加価値割」という。）応能負担原則に適う仕組みにすべきだと考える。「新付加価値割」の課税標準は現行法人事業税の付加価値割をそのまま用いることとする。したがって単年度損益額＋報酬給与額（派遣料支払額の75％を含む）＋純支払利息＋純支払賃借料の合計額を課税標準とする。

「新付加価値割」は事業税を構成するから当然直接税である。そのため免税水準を設けることが可能である。免税水準（納税義務者）は法人分割による課税逃れを排除するため，資本金基準（現行1億円超）のほか，従業員数300人以上，または売上高100億円以上のいずれかに該当する法人とする。その数は多く見積もっても全法人のうちおよそ4万社程度であろう[7]。この納税義務者数は現行消費税の納税義務者数約350万に比して1.1％に過ぎない。逆にいえば，98.9％の中小事業者が消費税の呪いから解放される。これは応能負担原則に適う。

「新付加価値割」の税率は現行の平均税率0.48％によらず，超過累進税率構造にする。税率構造は課税標準の多寡に応じて，たとえば，2.5％，5％，7.5％，10％，12.5％，15％，20％とする。超過累進税率は応能負担原則に適うとともに税の滞納発生を防止する。地方税であるから超過累進税率であっても標準税率と制限税率を設けることが必要であり，上の各税率に上下2.5％程度の制限税率を設けることとする。

Ⅶ 公平性に適う「新付加価値割」の模索

「新付加価値割」は地方税（都道府県税）であるから福祉を担う地方自治体の財源としてふさわしい。消費税の国税分（現行4％）が地方にすべて入るため，

国税の欠落を心配する向きもあるが，実際には現行国税消費税収入のうち29.5％はすでに都道府県への交付金である。残りの70.5％分（平成24年度予算案では7兆6574億円）の地方交付税を交付しないこととすればよい。例えば平成24年度予算案における地方交付税交付金等の額は16兆5940億円となっているから，これを減らせばよい。

「新付加価値割」は直接税であるからガット協定からして輸出還付金制度を設けることができない。したがって輸出大企業は消費税にある税の還付金を受け取ることはできない。これにより，消費税の最大の不公平が解消される。また「新付加価値割」は直接税であるから価格への転嫁の必要もない。仮に法人企業が「新付加価値割」を転嫁しようとしても法人税と同様，抽象的転嫁となるから，消費者が直接負担することはない。

法人事業税の納税地は当該法人の本店所在地であるため，東京都など大都市に税収が集中し地域の税源偏在が生じることを心配する向きがある。これを是正するためには現行法人事業税の所得割にある地方法人特別譲与税を設ければよい。そうすれば法人企業の偏在による税収のゆがみを是正することができる。

「新付加価値割」は法人事業税の一部を構成するものであるから，法人税計算上，損金に算入することになろう。損金算入により，法人税収が減少することを心配する向きがある。法人税の減収割合は基本税率の25％（平成24年改正以後）程度になろう。この減収分をカバーする方策は後述する。法人税の減収にスライドして法人県民税・法人市民税も減収となるが，地方税全体としてみれば大幅に増収になるので，こちらはカバーすることができる。なお，現行法人事業税にある資本割，所得割，収入割は原則として残すこととする。

公平性で問題となるのは課税標準の大部分を給与が占めることである。給与を課税標準にすることは総じて労働集約型の中小企業の税負担が重くなり，資本集約型の巨大製造業の負担が軽くなる。この弊害を除去するためには，現行資本割の平均税率0.2％を資本金の多寡に応じて超過累進税率，例えば最低税率を0.1％とし0.5％，1.0％，1.5％，最高税率を2.0％にすればよい。また，現行資本割の課税標準は資本金等の額が1000億円までは100分の100となっているが，1000億円超5000億円以下は100分の50に，5000億円超1兆円以下は100分の

25（1兆円を超える場合は1兆円）になっている。これをすべて100分100，すなわち減額しないこととする。これにより，資本集約型企業の税負担を重課することができ，公平性が保たれることになる（もっとも中小法人はあらかじめ課税事業者から除かれているから，一定の公平性はすでに保たれている）。資本割に重課することにより都道府県の税収が増加することとなるので[8]，これに相当する地方交付税交付金を減額し法人税の減収分を補うことが可能となる。

次に個人事業税との関係であるが，現行個人事業税には付加価値割はない。そうすると法人成りをせず，「新付加価値割」の課税を逃れるため個人事業を続ける者が出ることも考えられる。そこで，従業員数300人以上または売上高100億円以上の個人事業者には別途「新付加価値割」を課税することとする。なお，年間290万円の現行事業主控除額は「新付加価値割」適用事業者に対して控除しないこととする。また，「新付加価値割」が適用されない個人事業者に対する税率は，現行の平均税率（現行第1種・第3種事業5％，第2種事業4％，第3種事業のうちあん摩，マッサージ等3％）ではなく，事業所得の多寡に応じて軽度の超過累進税率（例えば2％，5％，10％）とすべきである。

Ⅷ　消費税の持つ不公平性の排除と「新付加価値割」の税収規模

このように「新付加価値割」を構成すれば，消費税にある最大の不公平・輸出還付金制度をなくすことができる。また，納税義務者数を特定の大企業に限定するため税の滞納がほとんど生じない。さらに，消費税の持つ「えせ間接税的」要素を排除することにより，消費者と事業者の対立関係が解消するうえ，事業者・企業も価格への転嫁を考慮する必要がなくなる。また，社会保険診療報酬や住宅建設などのいわゆる不完全非課税の問題も解決し，簡易課税や事業者免税制度の問題点も考慮の外となる。消費者は税率引き上げの都度，物価上昇に脅えることもなくなる。加えて，事業者は日常取引におけるさまざまな消費税の事務負担から解放され，のびのびとした経理・経営を行うことが可能となり，日本経済は活況を呈することとなる。

最後に「新付加価値割」の税収規模について付言する。「新付加価値割」の

Ⅱ　シンポジウム　税制改革と消費税

課税標準は付加価値であるから資本金1億円超の法人の付加価値を求めるとおよそ128兆円[9]と推定される。これに「新付加価値割」の税率（2.5％～20％の中間的税率10％）を乗ずれば，およそ12兆8000億円となり，現行消費税の税収（国・地方の合計5％分）とほぼ変わらない。ほかに資本割の税収増も期待できるが，いずれにせよ，現行消費税の税収規模と同額程度であり，消費税の税率を10％に引き上げた場合の税収には追いつかない。この不足分を賄うためには，さらに不公平税制の一掃や所得税・法人税の基本構造の改革による増収によらねばならない。それは本稿の目的とするところではないので別稿に譲りたい。

注
1)　北野弘久編『現代税法講義』（法律文化社，5訂版，2009）6頁。
2)　付加価値税のような課税方法は，シャウプが1943年に付加価値税の採用を提唱する以前の1921年，米国エール大学トーマス・S. アダムス教授が「最終生産物に対して支払うべき租税からすでに支払った租税を控除する」仕組みの税制を提案したという。そしてアダムス自身はこの税を売上税と名づけ，「企業所得に対する租税（法人税のようなものと思われる〔筆者注〕）の代用物としてのみ関心がもたれている」と述べている（中村英雄『西ドイツ付加価値税の研究』（千倉書房，1979）270頁）。また1937年にフランスにおいて税務官僚であったジュリアン・ロジェ（Julien Roger）が「増加税（La taxe sur les plus-values）」という企業の付加価値を課税標準とする税を雑誌に発表している（Georges Egret, *LA TVA*, 1978, p. 17)。アダムスの「売上税」もロジェの「増加税」も企業に課税する直接税として把握しているのが特徴であり，この点はシャウプの付加価値税にも引き継がれている。
3)　昭和25年7月31日法律第226号，附加価値税法32条によれば，第1種事業の標準税率は4％，第2種事業，第3種事業の標準税率は3％，制限税率はそれぞれ8％，6％と規定されていた。
4)　前掲附加価値税法30条4項の規定。
5)　アメリカ国務省は1968年11月次のような声明を出し，付加価値税の間接税化を批判している。「間接税が広く普及し，成育するにしたがい，我々はガットの規定を注意深く調べることを余儀なくされた。我々はガットの規定――それは間接税に対しては税の徴収や免除を許可するが，企業の利益を課税標準とする直接税に対しては間接税と同じに免除することを認めていないため――は間接税を主要財源とする国々に対し優位性を与えることになると考える。単に租税構造を修正するだけで，特定の国々に輸出を助成し，輸入を妨害することを認めることは正常とはいえない。」（前掲 *LA TVA*, p. 109)。
6)　この点について，拙稿「事業税の外形標準課税と憲法原則」（『法律学・政治学・財政学の理論と現代的課題　北野弘久教授古稀記念論文集』（日本大学法学会，2000）3頁以下所収）に関連する記載がある。
7)　『第136回国税庁統計年報書〔平成22年分〕』によれば，資本金1億円超の法人数は2万7137社となっている。資本金が1億円以下であっても従業員300人以上または売上高

5 消費税を法人事業税・付加価値割と合体する提言

100億円以上の法人が1万社あるとして，およそ4万社と推定した。
8) 『第136回国税庁統計年報書〔平成22年分〕』によれば，資本金1億円超の資本金の合計額は117兆8395億円となっており，この1％は1兆1783億円，2％は2兆3566億円となり大幅な増収となる。
9) 総務省統計局『日本の統計 2012』79頁によれば，平成22年度におけるわが国の全産業の付加価値額は271兆円となっている。このうち資本金1億円超の法人の付加価値額を50％と推定するとおよそ136兆円となる。また『国税庁統計年報書〔平成22年分〕』及び『民間給与実態統計調査の概要〔平成23年分〕』（いずれも国税庁長官官房企画課編）によって求めた資本金1億円超の企業の付加価値はおよそ120兆円でありその中間値128兆円と推算した。

6 現代ドイツの売上税（付加価値税）の改革をめぐって
―― 軽減税率の機能と廃止案の検討を中心に ――

関 野 満 夫
（中央大学）

はじめに

　現代国家の主要税収の1つである一般消費税（付加価値税）には，その負担の逆進性ゆえに多くの国において低所得者対策としての軽減税率やゼロ税率が導入されている。他方で，一般消費税での税率の複数化に対しては，租税システムの効率性や課税の経済的中立性の観点からの批判も多い。

　ドイツの一般消費税たる売上税においても，近年の税率引き上げ傾向とも関連して，一方で軽減税率の役割が大きくなるとともに，他方では効率性重視の観点からは軽減税率廃止の議論・主張もされるようになっている。そこで本稿では，ドイツの売上税における軽減税率の機能と軽減税率廃止をめぐる議論ないし改革案について検討してみよう。構成は以下のとおりである。Iでは，ドイツ財政における売上税の推移と税収面での拡大傾向をみる。IIでは，売上税負担の逆進性の状況と軽減税率の低所得者対策としての効果と実態について確認する。IIIでは，2009年以降ドイツで議論になっている軽減税率廃止論として，その代表的論者たる R. Peffekoven の構想を取り上げて紹介する。IVでは，軽減税率廃止に伴って必要となる低所得者対策の具体的提案について，S. Bach による改革案と実証的データに基づくその効果を検証する。

I　現代ドイツの売上税

近年，ドイツ財政においては一般消費税（付加価値税 VAT: Value Added Tax）たる売上税 Umsatzsteuer の比重がその税率引き上げとともに上昇している。まず表6-1で，ドイツの租税・社会保障負担と一般消費税（売上税）の GDP 比の推移をみると，1975年から2009年にかけて租税負担は21～22％台の水準でほぼ安定的に推移しているのに対して，一般消費税は1975年の5.0％からほぼ上昇傾向にあり2009年には7.5％へと2.5％ポイントも増加している。他方で，社会保障負担は1975年の11.7％から2000年代には14％台になり，2009年には14.5％へと2.8％ポイントの増加になっている。結局この間，租税・社会保障負担全体の GDP 比は34.3％から37.4％へと2.1％ポイント増加しているが，租税の中では一般消費税の増加（2.5％ポイント増）が目立つ。そして，租税・社会保障負担全体に占める一般消費税（売上税）の比重も1975年の14.6％から2009年の20.1％へと増加している。

表 6-1　ドイツの租税・社会保障負担の推移（GDP比）

(%)

	1975 年	1990 年	2000 年	2005 年	2009 年
租　税	22.6	21.8	22.8	21.0	22.9
うち一般消費税（A）	5.0	5.8	6.9	6.3	7.5
社会保障負担	11.7	13.0	14.6	14.0	14.5
合計（B）	34.3	34.8	37.4	36.0	37.4
（A）／（B）	14.6	16.6	18.4	18.0	20.1

（出所）OECD（2011）．

ところで，ドイツの売上税の歴史は古く，もともとは第1次大戦の戦費調達のために1916年に導入された商品売上切手（Warenumsatztempel）が，第1次大戦後の1918年に売上税と名称を変え多段階課税の取引高税として導入されている。当初の税率は0.5％であったが，その後2％（1935年），3％（1946年），4％（1951年）へと引き上げられ，1967年まで同税率で徴収されていた。この従来の売上税は，取引高税であるがゆえに課税累積による税負担増加という欠点を抱えていたこともあって，1968年には前段階税額控除を行い課税累積のない現行の付加価値税方式（Mehrwertsteuer, VAT）に転換され，現在に至っている[1]。そ

表 6-2 ドイツ主要税収の構成比

(%)

	1990年	2000年	2009年
個人所得税	27.6	25.3	25.3
法人所得税	4.8	4.8	3.6
(小計)	(32.4)	(30.1)	(28.9)
一般消費税	16.6	18.4	20.1
個別消費税	9.2	8.8	8.6
(小計)	(25.8)	(27.2)	(28.7)
社会保障負担	37.5	39.0	38.7
合計	100.0	100.0	100.0

(注) 合計にはその他税も含む。
(出所) OECD (2011).

表 6-3 所得分位別にみた付加価値税の負担率 (2003年)

(%)

所得分位	均衡可処分所得に対する負担率	消費支出額に対する負担率
第1分位	10.3	9.5
第2分位	9.3	9.8
第3分位	8.9	10.0
第4分位	8.6	10.1
第5分位	8.5	10.1
第6分位	8.2	10.2
第7分位	7.9	10.2
第8分位	7.6	10.3
第9分位	7.2	10.4
第10分位	5.9	10.4

(出所) Bach (2006), S. 142-143.

して現行の売上税(付加価値税)の標準税率は,1968年当初10％から1998年の16％へと1％刻みで徐々に引き上げられ,2007年には3％プラスして19％に上昇している。なお,食料品などに対する軽減税率は1968年当初の5％から1983年に7％に上昇して以来,その税率は現在まで据え置かれている。付加価値税は別名「歳入マシーン」とも称されるように,原則として国内のすべての消費支出を課税対象とするために課税ベースが極めて大きく,1％の税率アップでも政府にとっては大きな税収増効果が見込める。先にみた近年ドイツでの売上税収の比重増加とは,当然ながら上記のような売上税率の傾向的引き上げによるものである。

さらに見逃せないのは,ドイツでは所得税や法人税の税率は,この間,売上税とは反対に,一貫して引き下げられてきたことである。個人所得税の最高税率でみると,1988年の56.0％から1990年53.0％,2001年48.5％,2004年45.0％,2005年42.0％へと引き下げられ,法人税率(留保所得)も1980年の56.0％から1994年45.0％,1999年40.0％,2001年25.0％,2008年15.0％へと引き下げられてきている。[2] この背景には周知のとおり,1990年代以降の経済グローバル化,EU圏の拡大,新興市場経済諸国の登場という経済環境の変化の中で,ヨーロッパ諸国での自国経済活性化と雇用確保をめざした所得税・法人税の税率引き下げ競争がある。EU経済の中核国たるドイツにあっても,この租税競争への対応として所得税・法人税の税率引き下げを大胆に行ってきたと

いうことである。[3]

　このように近年のドイツでは課税ベースおよび税収確保の重点が徐々に「所得」から「消費」に移行しつつある。この点は表6-2で主要な租税および社会保障負担の構成比の推移からも確認できよう。個人所得税は1990年の27.6%から2009年の25.3%へと2.3%ポイント低下し，法人所得税も1.2%ポイント低下し，両者合計した所得課税は32.4%から28.9%に低下している。一方，一般消費税（売上税）は1990年の16.6%から2009年の20.1%へと3.5%ポイントも上昇し，個別消費税と合わせた消費課税も同期間に25.8%から28.7%へと上昇して，所得課税のシェアと拮抗するまでになっている。いずれにせよ21世紀に入ったドイツでは，売上税という名の付加価値税が税収確保手段としてその重要性をますます高めてくることになったのである。

II　売上税負担の逆進性と軽減税率

　前節でみたように，近年ドイツでは政府歳入調達手段としての売上税の役割が大きくなっているが，一方で売上税には，逆進的負担ゆえに実質的な所得格差を拡大させるという問題がつきまとっている。そこで本節では，所得階層別にみた売上税負担の状況から逆進的負担の実態を確認した上で，軽減税率による逆進性緩和の効果の状況をみておこう。表6-3は，2003年の所得十分位別にみた世帯均衡可処分所得および消費支出額に対する付加価値税（売上税）の負担割合を表している。可処分所得に対する比率では，第1分位が10.3%と最も高く，所得分位が上がるにつれて負担率は傾向的に低下し，最高所得階層の第10分位では5.9%に過ぎない。ドイツの付加価値税（売上税）における逆進的負担の状況は明らかであろう。一方，消費支出額に対する負担率は，第1分位9.5%から第10分位10.4%へとほぼ10%前後の水準に収まっている。これは売上税が比例税率（2003年：標準税率16%，軽減税率7%）であるがゆえに，ある意味で当然の結果ではある。ただ，消費支出額に対する負担率が9.5%から10.4%へと極めて緩やかながらも累進的傾向を示していることに注目しておきたい。これは，低所得層ほど消費支出額に占める軽減税率対象品目（食料品など）への

表 6-4 所得階層別にみた付加価値税の軽減税率, 非課税による負担軽減効果(2003年)

所得区分：中位所得に対する比率	負担率の低下（％ポイント）	負担軽減月額（ユーロ）
～40％	4.2	25
40～60％	3.6	33
60～80％	2.8	43
80～100％	2.3	49
100～120％	2.2	58
120～140％	2.0	62
140～160％	1.9	71
160～180％	1.9	79
180～200％	2.0	90
200～400％	2.0	117
400％～	1.4	160

（出所）RWI/FiFo（2007），S. 65.

消費支出割合が高いからである。

そこで次に，売上税負担での軽減税率の効果をみておこう。ドイツの売上税には，同税が1968年に現行の一般消費税（付加価値税）の方式に転換した時から，標準税率と並んで軽減税率が設定されている。軽減税率の対象品目は，食料品，書籍，新聞・雑誌，植物・花，障害者向け器具，文化イベント，博物館・動物園・サーカス，地方公共交通等であり，その税率は1968年当初は5％であったが1983年以降7％になっている。[4)]

表6-4は軽減税率による売上税負担率の変化（低下）と負担軽減額（月額）を所得階層別（中位所得に対する所得水準割合）に示したものである。ここからはまず，軽減税率による売上税負担率の低下は低所得層ほど大きいことが確認できる。中位所得の40％未満層（最低所得層）では4.2％ポイント，同40～60％でも3.6％ポイントも負担率が低下しているのに対して，同200～400％層では2.0％ポイントの低下，400％以上層（最高所得層）では1.4％ポイントの低下に過ぎない。これは食料品等の生活必需財をはじめ軽減税率対象支出の割合が低所得層ほど大きいことの，当然の反映でもある。ただ，他方で見逃せないのは，軽減税率による負担軽減額そのものは高所得層ほど大きくなっていることである。つまり，最低所得層（40％未満層）で25ユーロ，中位所得層（100～120％層）で58ユーロに対して，最高所得層（400％以上）では160ユーロに達している。これは，軽減税率対象品目も含めて消費支出額そのものが高所得層ほど大きいことの当然の結果でもあるとはいえ，軽減税率による絶対的負担軽減額という恩恵は,高所得層ほど大きくなっているという事実には留意する必要があろう。

Ⅲ 軽減税率の廃止案——Peffekoven 構想——

 前節でみたように売上税での軽減税率は，売上税の逆進的負担を緩和する機能を果たしてきている。ところが，こうした中で2009年に成立したキリスト教民主同盟・社会同盟（CDU/CSU）と自由民主党（FDP）の連立政権（メルケル政権）においては，売上税の軽減税率廃止のあり方をめぐる議論が起きている。学界・研究者レベルでも，軽減税率廃止に関わる具体的な改革構想の提案や，その是非をめぐる議論と実証的検討が進められている[5]。中でも Rolf Peffekoven（元・マインツ大学教授・同大学財政研究所長，連邦財務省学術顧問団メンバー）の軽減税率の廃止案は，その提案が大胆かつ単純であるがゆえに大きな反響と賛否を呼んでいる。そこで以下では，同氏の『付加価値税の改革に向けて——一般消費税への回帰[6]』に依りつつ，その論拠とねらい，改革提案について整理しておこう。

 Peffekoven は，売上税の現行軽減税率について，基本的には2つの側面から問題視する。1つには，軽減税率は消費者の負担軽減を名目にしつつも，実際には特定分野・企業への補助金になりかねないこと。いま1つには，軽減税率は低所得層の負担軽減を名目にしつつも，実際には高所得層への便益が大きく，所得再分配政策として問題があること，である。

 まず前者についてみていこう。彼は言う。「税率格差（軽減税率）によって，特定の消費財が付加価値税についてより軽く課税される，とされている。しかしこのことは，財の供給者がその租税軽減分を最終消費者に対して完全に転送し，つまりその粗価格を租税優遇分だけ引き下げた時にのみ，うまくいくのである。もし財の供給者がそうしないのであれば，軽減税率による優遇は企業への補助金になってしまい，軽減税率の最終目的は達成できないのである[7]」，と。そしてこれについては，市場メカニズムの現実から次のようにも述べている。「軽減税率の供与は消費者に（価値低下によって）有益となるべきものである。けれども大半の場合，このことは保障されていない。というのは，間接的な消費課税としての売上税は，企業領域において徴収されねばならないがゆえに，

期待される効果は売り手企業が標準税率と軽減税率の差額分だけ粗価格を引き下げた時にのみ実現するからである。しかしこのことは税法上では規定されておらず，あくまで市場で決定される。企業にその気があるかどうか，あるいは――市場環境ゆえに――そうせざるをえないかどうかは，とりわけ需要の価格弾力性，競争状況，景気状況に依存している」[8]。

その上で，Peffekoven が特に重大視するのは，軽減税率は企業補助金化しているとすれば，特定の財・サービスへの軽減税率制度適用が特定の分野・企業への特別利益となり，市場競争での歪みを大きくしてしまうことである。「現行システムは『消費課税』の本来のモデルから逸脱している。多数の例外が競争上の歪みをもたらし，特定の財，分野，法人・団体が補助されている。かくして付加価値税は年月を経て，特殊利益の取り扱いの関門になってしまった」[9]，と。

後者の，軽減税率の低所得者対策としての限界については，次のように言う。「たとえもし軽減税率によって価格引き下げ効果が消費者へ及んだとしても，分配政策上の成果は不満足なままである。なぜなら，価格引き下げの恩恵が本来それを全く志向していない高所得者にも行き渡ってしまうからである。価格は，需要と供給をコントロールする資源配分上の手段であり，分配政策の実現には原則として不適切なのである。低所得者や子持ち家計のために牛乳を軽減課税した場合，金持ちもその補助金つきの牛乳を飼い猫に与えることができてしまう。そうなれば，公的資金が浪費されてしまう。分配政策上の目標を追求しようとするならば，低所得者への移転支払いを行うこと，つまり客体助成の代わりに主体助成を進めるべきであろう。これによって，より目的に適合した働きと，公的資金の節約が可能になる」[10]，と。

また，価値財としての特徴のある財・サービスの需要促進のための軽減税率適用は，資源配分上の理由から説明されているが，所得分配政策の点からは問題もある。「価値財（例えば，書籍，雑誌，文化施設利用）への追加的需要を，低所得者においても創り出すことは，軽減税率の目的の1つである。これが成功するかどうかを確認することは困難である。場合によっては，そうでなくてもすでにこれらの財を大規模に消費している，とりわけ高所得者が軽減税率を活

用することになろう。つまり、価値財の分野においても、むしろ移転支出や教育施設への国家支出が推奨されるべきであろう」。

 以上のように、現行の売上税の問題点を指摘した上で Peffekoven は具体的な改革案として、①非課税扱いを廃止する、②軽減税率を廃止する、③社会的な負担調整をより目的に合い、より効率的なものにする、④標準税率を現行の19％から16％に引き下げる、という４点を提起する。売上税の非課税扱いと軽減税率の廃止によって、当然ながら低所得者を中心に負担問題が発生するが、これについては、最低生活費の新たな算定の上で所得税の基礎控除引き上げや生活保護費、子ども手当、住宅手当など社会保障移転の引き上げで対処する。そして、こうした社会的な負担調整の方が、より目的に合い、より効率的で、より経済的である、としている。他方、売上税の税収面でいえば、租税システムの簡素化と標準税率への広範な統一化によって300〜350億ユーロの増収が見込める。標準税率の16％への引き下げのコスト（３％の税率低下による減収）は約240億ユーロであり、上記の財源は十分に確保できる。また非課税扱いの廃止によって、当該分野での売上税負担を補償するために社会保障制度への補助金増加が必要になるが、これも税収増から賄うことができる。その限りでは、この改革は財政赤字縮小政策への障害とはならない、という。

 ところで、この改革が実施されれば、生活必需品は従来より高く課税され、ぜいたく品はより低く課税されることになり、バランスがとれていないという批判はまぬがれない。こうした批判に対して Peffekoven は反論する。「ただし、そのような評価は、非課税や軽減税率の知られていない機能ゆえに、裏付けることはできない。実際には個々の事例が示すように、非課税の財・サービスでも『かくれた付加価値税』によって完全に賦課されているのであり、軽減税率も消費者での相当の価格引き下げを決してもたらしていない。このように租税優遇が補助金として企業に与えられる限りでは、その廃止は消費者にとって負担にはなりえない」、と。

 そして、Peffekoven は同報告の最後において次のように全体的総括を行う。「ここに提案されている改革の最重要の成果は、消費を包括的につかみ、かつ消費のみに、しかも均一税率で課税するという一般消費税への回帰であろう。

これは，より効率的でより簡素で，成長政策的にもより魅力的な課税に向けての説得力のある貢献になろう。加えて，付加価値税のしくみを使って表面上は消費者への利益のように見せながら，実際には特定分野への補助金を達成させてしまうことが，この改革によって将来的にはもはや可能でなくなることが明白になろう[14]。」

以上のようなPeffekovenの売上税改革構想とくに軽減税率廃止案は[15]，その提案内容が大胆であるだけに批判も呼んでいる。例えば，Hickel (2010) は上記案について次の4点の理由を挙げて批判している。第1に，軽減税率は低所得者の負担軽減を原則に，商品供給によって最低生活を保障するものであり，その廃止は付加価値税の逆進性をさらに強めてしまう。

第2に，軽減税率廃止による負担増加を個々の社会扶助引き上げによって補償することは極めて問題である。例えば，牛乳への7％の軽減税率は，製品価格の低下によって確実に低所得者世帯への負担軽減となるが，社会扶助においては乏しい予算の場合に十分な牛乳が購入されるかどうか，という決定に左右されてしまう。

第3に，社会扶助による補償は安定的ではない。軽減税率の社会調整機能は製品に平等に固着しているのに対して，最低生活水準保障のための社会扶助引き上げの如何は，不安定な日常政治に委ねられてしまう。つまり，「社会的な調整機能に基づいた論拠からではなく，一般的な財政事情が，これらの社会扶助を政治的オポチュニズムの取引材料にしてしまう。これとは反対に，差別的な付加価値税は，政治的にはかなり安定的なものとして見積もることができるのである」。

第4に，結局，Peffekoven構想は，長い転換期間ゆえに，とりわけ低所得者の個人消費の負担となる。これは，今日そうでなくとも輸出経済に比べて立ち遅れている国内市場をさらに悪化させ，成長の停滞と税収減をもたらしかねない。

以上を指摘した上でHickelは，「この改革提案の欠点は，とりわけ政治的リスクの付着する利点よりも明らかに大きい」，と結論する[16]。

HickelによるPeffekoven構想批判は多岐にわたるが，特に重要な点は，①

軽減税率廃止によって逆進性がさらに強化されてしまうこと，②同構想による低所得者向け対策の逆進性緩和の効果が不確実であること，の2点であろう。こうした中でBach（2011a）（2011b）は軽減税率廃止に伴うより具体的な低所得者対策を実証データに基づいて提起しており，興味深い。そこで次節ではこのS. Bachによる代替提案に注目してみよう。

IV 軽減税率廃止と低所得者対策

売上税軽減税率の対象は，生活必需品や価値財など多岐にわたるが，実際の税収内訳はどうなっているのであろうか。例えば，2010年の売上税収は約1800億ユーロであるが，そのうち標準税率による税収が1670億ユーロである。一方，同年の軽減税率による税収減少分は総額230億ユーロであり，その対象品目・サービス別の税収減少分内訳をみると，食料品が170億ユーロ，74％で圧倒的比重を占めている。次いで，文化・娯楽サービス18億ユーロ（8％），宿泊サービス9億ユーロ（4％），近距離公共交通8億ユーロ（3％），等となっている。いずれにせよ税収面（負担面）からは軽減税率の役割はとりわけ生活必需品たる食料品において発揮されている[17]。

表6-5 所得分位別にみた付加価値税負担率の内訳（2008年）

(％)

	合計負担率(A)	標準税率分	軽減税率分(B)	B／A
第1分位	11.83	10.38	1.45	12.2
第2分位	10.30	9.11	1.19	11.5
第3分位	10.01	8.92	1.08	10.8
第4分位	9.64	8.64	1.00	10.4
第5分位	9.28	8.35	0.93	10.0
第6分位	8.90	8.04	0.86	9.7
第7分位	8.61	7.79	0.81	9.4
第8分位	8.14	7.40	0.74	9.1
第9分位	7.70	7.03	0.67	8.7
第10分位	6.31	5.80	0.51	8.1
全体平均	8.35	7.55	0.80	9.6

（出所）Bach(2011a), S. 5.

まず表6-5は，2008年における所得十分位別にみた可処分所得に対する売上税（付加価値税）負担率とその標準税率分と軽減税率分の内訳である。同表

表 6-6　付加価値税改革案と修正案による所得分位別負担率の変化(2008年)

(%)

	改革案	修正案
第1分位	0.46	−0.03
第2分位	0.28	−0.01
第3分位	0.16	0.00
第4分位	0.10	0.01
第5分位	0.05	0.01
第6分位	0.01	0.02
第7分位	−0.02	0.02
第8分位	−0.05	0.03
第9分位	−0.09	0.05
第10分位	−0.11	0.07
全体平均	0.01	0.03

(注)　改革案：軽減税率廃止，標準税率16%。
　　　修正案：食料品のみ軽減税率，標準税率18%。
(出所)　Bach(2011a), S. 7-8.

からは次の3点が指摘できよう。第1に，第2節で2003年時点の負担率で確認したように，2008年においても売上税の負担の逆進性は明瞭である。第1分位の11.83%から所得水準の上昇とともに負担率は低下しており，第10分位では6.31%なっている。

第2に，売上税負担率に占める軽減税率分のシェアは低所得層ほど大きいことである。そのシェアは負担率と同様に，第1分位が12.2%で最も高く，所得水準とともに低下して第10分位では8.1%になっている。これは，生活必需品などは税率軽減されているとはいえ，低所得者ほど所得に占める生活必需品支出額が大きいことを反映している。

第3に，標準税率分に比べて軽減税率分の方が逆進的性格の強いことである。第10分位に対する第1分位の負担率で比較すると，標準税率では1.8倍(11.83%：6.31%)であるのに軽減税率では2.8倍(1.45%：0.51%)にも達している。そうなる理由は上記と同様に，低所得者ほど所得に占める生活必需品(軽減税率対象品目・サービス)支出の割合が高くならざるをえないからである。

いずれにせよ，売上税負担において軽減税率の位置とその果たす役割は低所得者ほど大きいことは明らかであろう。このことを踏まえてBach (2011a)では，軽減税率廃止による低所得者の負担率増加を最小限にするための一方策として，①軽減税率廃止の対象から食料品を除くこと，つまり食料品のみ軽減税率を維持すること，②それに伴う税収減を補うために標準税率引き下げを3%(19%→16%)ではなく1%(19%→18%)にする，という修正案を示す。表6-6は，Peffekoven構想による改革(軽減税率全廃，標準税率16%)と，上記修正案による所得十分位別の負担率変化を比較したものである。当初の改革案では第7〜10分位の高所得層では負担率の若干の低下がみられるのに対して，第1

〜6分位では負担率上層となり，特に低所得層の負担率上昇（0.28〜0.46％ポイント）が目立つ。一方，修正案によれば，全所得分位において負担率の変化は小さく，むしろ逆に低所得層ほど負担率の上昇は軽微かつ若干の低下もみられることになる。先述のように，改革案（Peffekoven構想）では，低所得者対策としては社会扶助給付の引き上げ等で対処するという方針を示しているが，その政治的実行可能性の問題は別にしても，純粋に売上税負担率だけでみるならば，低所得者対策としては修正案の方がより効果的であるといえよう。

さらにBach（2011b）では，軽減税率廃止による世帯の売上税負担の増加を一部ないし全部を相殺するために，各世帯への直接給付たる付加価値税給付金（VAT-Bonus）を提案し，その効果を試算している。この給付金のしくみの概要は以下のとおりである。

①給付金額を算定する基礎は，所得下位10％（第1分位）世帯が改革後（軽減税率全廃，標準税率16％）に負担する年間平均付加価値税負担額に相応する額とする。②実際の世帯タイプ別の給付金額は，単身者1245ユーロを基本に，家族人数・子供年齢に応じた係数を乗じて計算し，夫婦（子供なし）1868ユーロ，夫婦（子供2人，14歳未満）2615ユーロ，等となる。③所得下位25％の世帯（年間の世帯均衡所得1万5120ユーロ）までは上記モデル給付金を全額支給し，同所得水準を超える世帯については所得超過分の10％を給付金から削減していく。結果的に，単身者世帯で2万7500ユーロ，夫婦・子供2人世帯で4万6250ユーロまでの均衡所得水準の世帯（第9分位に相当）までは何らかの額の給付金を支給される。[18]

つまり，この①②によって，所得下位10％世帯は売上税による負担をほぼ完全に相殺されることになる。また，③によって低所得者世帯ほど給付金が多く，高所得層ほど給付金が少なくなるため，売上税負担と給付金効果を総合すれば，逆進性は相当に緩和されることが期待できる。

ただ，上記のように計算すると給付金総額は約440億ユーロになるが，他方で，軽減税率廃止による売上税増収予想は約190億ユーロ（標準税率16％）に過ぎない。そこで収入中立の改革を前提にすれば，給付金総額の規模を190億ユーロに縮小して，各世帯への支給額も比例配分で43％（190/440）に縮小する必要が

表 6-7 改革による付加価値税負担率の変化（2008年）

(％)

	現行税制： 標準税率19% 軽減税率 7 %	軽減税率の廃止		
		標準税率 16%	標準税率16% VAT給付金 （一部支給）	標準税率25% VAT給付金 （完全支給）
第 1 分位	11.8	12.3	8.2	0.0
第 2 分位	10.3	10.6	8.1	3.2
第 3 分位	10.0	10.2	8.4	5.0
第 4 分位	9.6	9.7	8.7	6.5
第 5 分位	9.3	9.3	8.9	7.7
第 6 分位	8.9	8.9	8.9	8.5
第 7 分位	8.6	8.6	9.0	9.2
第 8 分位	8.1	8.1	8.9	9.8
第 9 分位	7.7	7.6	8.7	10.4
第10分位	6.3	6.2	7.2	9.3
全体平均	8.3	8.4	8.3	8.1

(注) 可処分所得に対する付加価値税負担率。
(出所) Bach (2011b), S. 16.

ある（ケースⅠ）。また、給付金総額を満額で支給し、かつ収入中立とするためには、標準税率は25％に引き上げる必要がある（ケースⅡ）、という[19]。

そして表 6-7 は、現行売上税制（標準税率19％，軽減税率 7 %），改革後（軽減税率廃止，標準税率16％），ケースⅠ（改革案＋VAT給付金の部分支給），ケースⅡ（標準税率25％＋VAT給付金の完全支給）による、それぞれの所得分位別の売上税負担率（VAT給付金効果を含む）を示している。改革後に売上税の逆進性が強化されるのは先の表 6-6 と同様である。一方、税収増分だけ付加価値税給付金を支給するケースⅠでは、改革案に比べて第 1 ～ 5 分位までは負担率がかなり低下し，第 7 ～10分位までに負担率が若干上昇して，各所得分位の負担率は 8 ％前後になり，結果的に比例的負担に近くなっている。他方、付加価値税給付金を完全支給するケースⅡでは，当然ながら第 1 分位の負担率はゼロとなり、その後所得分位が上がるほど負担率が上昇して、第 9 分位で10.4％，第10分位で9.3％となり、ほぼ累進的負担の構造になっている。

このように軽減税率を廃止して簡素化した売上税（付加価値税）であっても、世帯所得に応じた付加価値税給付金を支給することによって、売上税の逆進性を相当に緩和したり、さらに累進的な負担構造に転換させることも可能であることを、上記の試算は示している。ただ、公平かつ公正な給付金支給を実施す

るためには,何よりもまず全世帯の正確かつ確実な所得把握が前提になる。しかし,それにはまた,そのための追加的行政コストや市民・世帯の側での法令遵守コストの増加も避けられないであろう。[20]

おわりに

売上税において軽減税率を廃止するというPeffekoven構想は,何よりも課税の効率性や経済的中立性を重視しつつ,課税の重心を「所得」から「消費」にシフトさせようとする新自由主義的な租税理念を前面に出した改革論である。これに対して,Bachによる修正案やVAT給付金案は,売上税における効率性を強めつつも公平性も担保しようとする試みであり,政治的実現可能性は別にしても興味深い提案であろう。

ただし軽減税率廃止案にしろVAT給付金案にしろ,基本的には売上税率を引き上げてドイツ財政の消費課税への依存体制を強めていく方向には変わりがない。これに対して,現代ドイツでの非正規雇用の増加(ミニ・ジョブ)や所得格差拡大傾向を踏まえて,そもそもこうした逆進的な間接税,消費課税へのシフトを根本的に批判し,所得税の累進課税強化や法人利潤への課税強化,富裕者への財産税の導入を主張する議論も,他方では存在している[21]。こうなると,単に売上税をどのように制度設計するかという問題にとどまらず,グローバル経済時代でのドイツ財政の健全化や福祉国家財源をどこに求めるべきかという,より大きな課題にもなろう。

注
1) Bach (2006), S. 117-118.
2) BMF (2010), S. 59-61. なおドイツの法人所得税には,連邦・州の共同税たる法人税だけでなく,市町村税たる営業税もある。
3) 2000年代におけるドイツの所得税,法人税の税率引き下げの背景,動向と問題については,関野 (2009), (2012) を参照されたい。
4) OECD (2008), pp. 52-55.
5) 近年の売上税改革論,軽減税率廃止をめぐっては,Eggert, Krieger und Stöwhase (2010), Peffekoven (2010a), (2010b), Krause-Junk (2010), Brügelmann (2010), Hickel (2010) を参照されたい。

6) Peffekoven (2010a). 同文書は,「新社会市場経済イニシアチブ」からの委託に基づく提言報告である。なお,Peffekoven (2009), (2011) も参照。
7) Peffekoven (2010a), S. 27.
8) Peffekoven (2010a), S. 39.
9) Peffekoven (2010a), Zusammenfassung.
10) Peffekoven (2010a), S. 39. Copenhagen Economics (2007) は EU 諸国の VAT 軽減税率の比較実証分析を基に結論の1つとして,「ターゲットを絞った直接的な予算補助金の方が,VAT 軽減税率よりもしばしばより安いコストでより良い効果を達成することができる」としている (ibid, p. 4.)。
11) Peffekoven (2010a), S. 39.
12) Peffekoven (2010a), S. 14, 40–41.
13) Peffekoven (2010a), S. 40.
14) Peffekoven (2010a), S. 41.
15) Peffekoven は売上税での非課税扱いと軽減税率の廃止をともに求めているが,一方で,現行の EU 法の下では,加盟国の軽減税率廃止は可能であっても,非課税扱い廃止は困難であることは認識している。Peffekoven (2010a), S. 40.
16) Hickel (2010), S. 589.
17) Bach (2011a), S. 4.
18) Bach (2011b), S. 14–15.
19) Bach (2011b), S. 16–17.
20) Bach (2011b), S. 17.
21) Bontrup (2011), Liebert (2011).

参考文献

関野満夫 (2009)「ドイツの2008年企業税制改革」中央大学経済学論纂第49巻第1・2号
関野満夫 (2012)「ドイツ所得税と税制改革2000」中央大学経済学論纂第52巻第5・6号
Balz, Matthias (2010), Für eine moderate Anhebung des ermäßigten Mehrwertsteuersatzes, *Wirtschaftsdienst* 7/2010
Bach, Stefan (2006), Wie gericht ist ein Ausbau der indirekten Besteuerung?, in Truger, Achim, *Die Zukunft des deutschen Steuersystems*, Metropolis
Bach, Stefan (2011a), Volle Mehrwertsteuer auf Nahrungsmittel belastet vor allem Geringverdiener, *DIW Wochenbericht*, Nr. 16/2011
Bach, Stefan (2011b), Der Mehrwertsteuer-Bonus: Eine Altenative zu ermäßigten Mehrwertsteuersätzen, *DIW Wochenbericht*, Nr. 24/2011
Bontrup, Heinz-J (2011), Mit noch mehr indirekten Steuern zurück zum wohlfahrtsorientierten Staat? Nur Luxusteuern wären ein richtiger Weg, Vierteljahrshefte zur Wirtschaftsforschung, 04/2011
Brügelmann, Ralch (2010), Die Mehrwertsteuer: Große Reform oder Subventionsabbau?, *Wirtschaftsdienst*, 9/2010
Bundesmininsterium der Finanzen: BMF (2010), *Datensammlung zur Steuerpolitik*, Ausgabe 2010

6 現代ドイツの売上税（付加価値税）の改革をめぐって

Copenhagen Economics (2007), Study on reduced VAT applied to goods and service in the Member States of the Europian Union
Eggert, Wolfgang, Tim Krieger, Sven Stöwhase (2010), Sollte der ermäßigte Mehrwertsteuersätz abgeschafft warden?, *Wirtschaftsdienst*, 11/2010
Hickel, Rudolf (2010), Reformbedarf Mehrwertsteuer: Soziale Gestaltung und Bekämpfung von Steuerbetrug, *Wirtschatsdienst*, 9/2010
Kraus-Junk, Gerold (2010), Für und Wieder differenzierte Umsatzsteuersätze, *Wirtschafsdienst*, 9/2010
Liegert, Nicola (2011), *Steuergerechtigkeit in der Globalisierung*, Münster
OECD (2008), *Consumption Tax Trends 2008*
OECD (2011), *Revenue Statistics 1965-2010*
Peffekoven, Rolf (2009), Mehrwetsteuererhöhung: Keine nachhaltige Konsolidierung, *Wirtschatsdienst*, 7/2009
Peffekoven, Rolf (2010a), Zur Reform der Mehrwertsteuer -Zurück zur einer generallen Konsumbesteuerung, Gutachten erstellt im Auftrag der Initiative Neue Sozale Marktwirtschaft
Peffekoven, Rolf (2010b), Reformbedarf bei der Mehrwertseuer: Steuerausfälle, Wettbersverzerrungen und Ineffizienzen vermeiden, *Wirtschaftsdienst*, 9/2010
Peffekoven, Rolf (2011), Reform der Umsatzsteuer kommt nicht voran, *Wirtschaftsdienst*, 6/2011
Rheinisch-Westfäliches Institut für Wirtschaftsforschung und Finanzwissenschaftliches Forschungsinstitut an der Univesität zu Köln: RWI/FiFo (2007), Der Zusammenhang zwischen Steuerlast- und Einkommensverteilung
Warren, Neil (2008), A Review of Studies on the Distributional Impact of Consumption Taxes in OECD Countries, *OECD Social, Employment and Migration Working Papers*, No. 64

7　討論　税制改革と消費税

〔司　会〕
　安藤　実（静岡大学・財政学）
　望月　爾（立命館大学・税法学）
〔討論参加者〕（発言順）
　畑山　紀（札幌学院大学・税務会計学）／小山　登（LEC会計大学院・税務会計学）／長谷川一弘（税理士・税法学）／粕谷幸男（税理士・税法学）／長島　弘（自由が丘産能短期大学・税務会計学）／浦野広明（立正大学・税法学）／奥谷　健（広島修道大学・税法学）／後藤和子（埼玉大学・財政学）／梅原英治（大阪経済大学・財政学）／鶴田廣巳（関西大学・財政学）／武石鉄昭（税理士・税法学）／宮入興一（愛知大学・財政学）／湖東京至（元静岡大学・税法学）／黒川　功（日本大学・税法学）／関野満夫（中央大学・財政学）／本村大輔（日本大学大学院博士課程・税法学）

司会（安藤実・望月爾）　それでは，昨日から今日にわたったシンポジウムのご報告について，質疑応答を開始します。発表された順に従って，質問を受けたいと思います。まず小山先生のご報告に，未経過固定資産税の処理について，畑山先生からご質問があります。
畑山紀（札幌学院大学）　小山先生は，未経過固定資産税を土地，建物等の取得価額に算入せず，期間費用，具体的には租税公課として処理することが，経済的実質主義の考え方に適合すると言われるわけですが，どのような意味でそう言われるのか，いま一度具体的に説明していただければ大変ありがたいと存じます。
小山登（LEC会計大学院）　畑山先生，ご質問ありがとうございます。未経過固定資産税を，固定資産の取得価額に算入すべきかどうかという問題を考えるに当たりまして，まず2ページ目（本書19頁）の会計理論の考え方から説明させていただきます。会計理論につきましては，ご承知のように固定資産の取得に係るすべての事業に供するまでの支出金額，要するに固定資産を事業のために利用する準備が整うまでに要したすべての支出金額合計を，取得価額として考えることが会計理論の大原則でございます。

　ところが，税務会計学から見ますと，やはり企業が行った会計行為を，税務当局が租税法に基づきまして税務行為としてとらえた場合に，租税法の根底に1つの判断規準として，実質課税の原則というものがあるというご説明をさせていただきました。

　その実質課税の原則の中には，法的実質主義という側面と経済的実質主義という側面，この2面性があり，法的実質主

義の側面については，こちらに書いてございますように，民事契約等を前提に実質主義を考える立場であります。

　先生からご質問いただいた経済的実質主義についても，むしろ法的実質，すなわちまず民事法の民事契約等を前提にして税務行為というものが適正かどうかということを考えていくべきだと考えております。経済的実質の立場というのは，特殊な借用概念の濫用等から生ずる仮装行為等が存在する場合に限定すべきであると考えます。

　一般的に税務行為に対し，税務会計学の視点から思考した場合に，実質課税の原則の中にある法的実質の立場をとっていくべきではないかという説明をいたしました。むしろ法的実質の立場に基づいて，昨日，未経過固定資産税の取得価額算入についての問題点をご指摘させていただいた次第でございます。

　ですから，経済的実質の場合は，仮装行為のような民事契約の中には真実が隠されておりますから，つまり覆いかぶされておりますから，その民事契約を全面的にまず取り払って，そして実質主義というものを考えていくという立場でございます。

　先生のご質問にいただいたように，経済的実質ということではなくて法的実質の立場に基づいて未経過固定資産税の取得価額算入の問題点を判断していくことが必要だと考えられます。それが課税公平の原理につながっていくのではないかと思っております。

司会　畑山先生，よろしいでしょうか。
畑山　ただ今のご説明ですが，未経過固定資産税の取得価額算入に関して，経済的な実質ということと法的な実質ということの中身の違いがよくわからないのです。
小山　わかりました。では，もう一度説明させていただきます。

　実は今回，こちらに書いてございますように，未経過固定資産税が固定資産の取得に係わる付随費用に該当するかどうかという判断を行う場合に，当然税務行為を前提にして考えた場合に，実質課税の原則のうち，法的実質の立場からまず考えていくことが大切です。むしろ今回の場合は法的実質だけを考えるべきだと私は考えております。ですから，まず不動産の売買契約，民事契約がございます。その民事契約を前提にしまして，未経過固定資産税，すなわち昨日の事例でまいりますと，A社が売り主，B社が買い主，中古不動産の売買を締結したといったときに，まずそれぞれA社，B社ともに民事上の契約に基づいて未経過固定資産税の清算を行うという認識のもとに，未経過固定資産税額の授受を行っているわけでございます。ですから，そこは法的実質の立場から見た場合に，それは固定資産税相当額として考えるべきではないか，このように考えて，負担したB社の方については，租税公課として一時の損金として計上すべきことが，本来の税務会計学から見た場合の適正な会計処理ではないかというように考えた次第でござ

Ⅱ　シンポジウム　税制改革と消費税

います。

畑山　未経過固定資産税を期間費用とすることが，なぜ法的な実質に即したとらえ方ということになるのでしょうか。最後，その点だけでよろしいですので，その点がよくわかりませんので，よろしくお願いします。

小山　私は，先生が言われるように，経済的実質ではなくて法的実質の立場から未経過固定資産税を見てまいりました。ということは，4ページ目（本書25頁）にございますように，やはり民事契約を前提にして判断をしていくべきではないかと考えます。これは，私が実質課税の原則を説明するに当たりまして，2面性があることをご説明するに当たって，2つの側面を出しましたけれども，結局は法的実質というものをまず先に見て，その実態に即して見れば，つまり税務会計学から見れば一時の損金として見るべきではないかと考えた次第でございます。

　ご参考になるかどうかわかりませんけれども，税務会計学から見た場合に，法的実質主義からまず考えていって，やむをえない場合は経済的実質で判断すべきではないかと考えます。その不動産売買が仮装取引，仮装行為等に当たれば，これは今度経済的実質の立場で考えざるをえないケースも出てくるとは思います。けれども，一般的には法的実質から入って，そして今先生が言われたように経済的実質で判断する場合もなきにしもあらずだと思います。ですから，一歩進んだ段階で，それが仮装取引で不動産売買が

仮装だとすると，その仮装取引について真実は何かということを，まず税務行為として税務会計学は判断しなければなりませんので，仮装の部分を取り払うために経済的な実質まで考えていかなければならないと思われます。ですから，先生が言われたように，法的実質で解決できる場合もあるし，大半の場合は法的実質で解決できると思います。ところが，一歩進んだ段階でこの仮装行為等があった場合に，虚偽の取引を行ったということであれば，経済的実質まで進んでいく可能性もございます。

司会　小山先生には，未経過固定資産税の処理について，もう1人，長谷川先生よりご質問があります。

長谷川一弘（税理士）　税理士の長谷川です。この未経過固定資産税の件は，消費税基本通達10の1の6のお話ですね。先生のレジュメ6ページ目（本書28頁）にある，B社の処理で，その契約によりB社が未経過固定資産税を負担するということですね。それが租税公課という仕訳となるのですね。そのことが，先生は法的実質という見解ですけれども，課税庁は，A社が1月1日現在で不動産を所有していますから，法律上，固定資産税を1月1日現在の所有者（A社）にかけることになります。課税庁がA社に課税をしましたが，A社がB社に売るときには，A社とB社の間には課税上の特別の関係があるのではなく，A社はB社に課税をする権限はありません。未経過固定資産税というものを，B社が負担するか，

しないかは任意ですので、それを租税公課で処理というのはいかがなものかなと思うのです。結局、国税審判所の言うように、それは消費税の対価として計上するのが妥当ではないかと思うのです。

一方、A社の仕訳は、雑収入というような仕訳をしています。それならB社はそれが会計上、形式上の租税公課ではなく、実質税法上の雑費とか経費になるので、取得資産に加算することになると考えます。それは当然消費税上の対価性があるからです。それがこの未経過固定資産税の分かどうかは別としても、それは対価性があると言えるのではないかと思うのです。だから、この通達というのは単なる実務上の注意喚起をしているというような通達であると考えます。この未経過固定資産税を、例えばA社がB社に法律上転嫁をさせなければならないという法律上の縛りがあるなら、先生のおっしゃることになると思います。しかし、今の固定資産税の法律では、課税庁は1月1日現在、A社が所有していますと、そこにかけるしかないですから、租税公課というのはA社とB社の合意でやっているだけですから、それは税法上、租税公課という内容で処理するのは困難ではないかと思うのです。

小山　どうもありがとうございます。お答えさせていただきます。実は今、長谷川先生からご質問いただいたことを私が問題にしたわけでございまして、先生が言われるように、これは法的には納税義務者はA社なのです。1月1日現在の所有者ですから。ところが、そこで今回実質課税の原則の法的実質を、実質主義に基づいて考えてみたらどうだろうかと考えました。それが税務会計学の根底に私は流れていると思っているのですね。

ですから、今先生が言われたように、形式基準でいけば課税庁が言われる税務通達は正しいです。ところが、一歩進んだ場合に、果たしてそれが今回実質課税の原則で実質課税というものを考えた場合に、ここにまた戻ってくるのですが、先ほどの畑山先生のご質問にリンクしてまいりますけれども、結局お互いにA社、B社ともに不動産の売買契約上、未経過固定資産税の清算という認識に基づいて行っているわけです。それは、先生が言われるように行わないケースも当然あると思います。別にそれは強制的に未経過固定資産税の清算をせよということには当然なっていないわけですけれども、不動産の実務を見た場合、不動産の慣行として未経過固定資産税の清算を行って、通常でしたら日割り計算で行うケースが多いのですけれども、そのように行っているケースがあるということを前提に、私は今回実質課税の原則というものに基づいて考えた次第です。

未経過固定資産税の法的な納税義務は、先生が言われるようにA社しかないのです。B社は来年度納税義務者として納めればいいわけなのですが、もっとご説明を深くすればよかったのかもしれませんけれども、固定資産税というのはやはり固定資産を保有する期間的な保有の

費用だという考え方が当然でございますね。そうした場合に，B社は，その途中であっても固定資産の引き渡しを受けた日から12月31日までの間は保有しているわけですから，それはむしろ固定資産税としての性格の方が強いのではないかというように私は考えたのです。

現在の未経過固定資産税に対する課税庁の取り扱い，それから国税不服審判所の見解というのは，会計理論に基づく見解なのです。会計理論では正しいです，当然。ところが，今回の視点は，税務会計学なのです。ですから，あるとき課税庁は納税者に対して拡大解釈をしたり，縮小解釈をしたりしている1つの例ではないかなと私は思ったのです。もっと根本に基づいて，税務会計学の立場より課税庁側も考える必要があるのではないかと考えます。

会計理論では，先生が言われるように正しいです。やはり会計的にアカウンタビリティの問題がありますから，すべての固定資産，それから固定資産に係る支出した金額について株主等に報告する義務があります。ですけれども，税務会計学から見た場合に果たしてそれが正しいのかどうかということです。根本に戻った場合どうなのかということで，実質課税の原則に基づいて考えると，B社が負担した未経過固定資産税は，取得価額に加算するよりも，むしろ一時の損金として扱う方が，税務会計学から見た場合には適正なのではないかというように考えた次第でございます。

長谷川　しかしながら，税法的に租税というと，法律上負担するのはA社であって，A社はB社に転嫁させる権限も義務もないのですので，なおさら税法的にも租税公課で計上するのは困難ではないかと思うのです。だから，当局のおっしゃるのが正しいかなと考えます。

小山　正しいと。

長谷川　税法上，正しいと考えます。

小山　考え方としまして……。

長谷川　A社がB社に，未経過固定資産税を負担させるか，させないかは任意ですから，義務でもないし，法律で決まっているわけではないですから，固定資産税の納付をするのは，1月1日に所有しているA社に義務があるのですから，それをB社に負担させようが，させまいが，それは自由ですので，それを租税公課という，あたかも法律上の課税権のものに置き換えるというのはかえって不適切であると考えます。課税権限のないA社がB社に売るときは，それは租税公課とは関係なく，やはりその部分の支払いは対価として認識するものと私は考えます。

小山　なるほどですね。ご教示ありがとうございます。

私は，国税不服審判所の裁決例がございまして，これにちょっと疑問を持って今回研究を進めてまいりました。ですから，先生が言われるように，納税義務はA社しかありませんから……，だからそれが課税庁の考えだと思うのです。それも1つの見解であるというように思いますし，国税不服審判所で争った納税者で

ある会社側の主張も一理あるのではないかということで,どちらに軍配を上げるかといったら,当然今現在は通達になっておりますから,税務通達は法源ではありませんけれども,やはり税務通達に従った処理をやらなければ,このように国税不服審判所で争うことに当然なってしまいますので,ある程度会社は,どうしても税務通達に従った会計処理をせざるをえないのだと。

それに私は実は疑問を持ちまして,今回もっと根本的に税務会計学の立場から考えた場合に,会計理論とどこが違うのか。そうすると,課税の公平理論というのが必ずついて回ります。実質課税の原則というのは,先生方もご承知のように,いろいろ事実認定の問題で納税者を苦しめて,実質課税の原則に基づいてどんどん税務行為の否認が行われたという過去の経緯がございますけれども,もっと根本に substance over form の考え方があり,税務会計学に課税の公平理論がありますので,それを貫徹させるためには,やはり実質課税の原則というものが存在していると考えられます。ですから,否認する,しないは別問題ですね。また,先生方もご承知のように武富士事件が1つの方向性を示しましたので,やはり租税法律主義を貫く観点から,租税回避の否認を行う場合については個別否認規定が必要であるというような方向づけになってきています。税務行為の根本的な課税要件を考える場合に,substance over form の考え方というのが重要では

ないかと思われます。そこが会計理論と税務会計学の大きな違いではないかと私は考えた次第でございます。

司会 どうもありがとうございました。次に,長島先生のご報告に対して粕谷先生から法人税の公正処理基準と消費税の会計処理のあり方についてご質問があります。

粕谷幸男（税理士） 長島先生のご報告で,税込み方式が消費税の本質に則したものという表をいただいており,そのことについてはよく理解できます。しかし,さらに税抜経理をしてはいけないのではないかと述べられました。法人税が公正処理会計基準を採用しておりますので,税抜経理自体が公正処理基準を構成していないというご判断ではないかと思います。そこで,その税抜経理を否定される理由についてご教示いただければと思います。

長島弘（自由が丘産能短期大学） 粕谷先生,ご質問ありがとうございます。

公正処理基準で,法人税の22条4項というより,今回の場合は財務諸表の表示ですので,一般に公正妥当と認める企業会計の基準,つまり財規1条または会社法431条の一般に公正妥当と認められる企業会計の慣行ですね,こちらの方として公正なる会計慣行になるかどうかというお話だと思うのですね。慣行とはすぐにできるものではない。もっとも新しい基準が出た場合には,一般に公正妥当と認められる企業会計の基準その他の企業会計の慣行に含まれますが。これが実際

Ⅱ　シンポジウム　税制改革と消費税

に，前からそういうような慣行があったなら，そうなると思うのです。しかしこれは消費税が導入されたときに，レジュメで示したとおり，公認会計士協会が，「消費税の会計処理について」という見解を出したことにより，税抜きが適当だとなりまして，以降これが定着したものですよね，流れ的には。

　ですから，この段階でもし違ったものが出ていれば違った形があったわけです。その最初のところで，税抜きのみが正しかったのだろうかという意図でもって話しました。

司会　次は，奥谷先生のご報告に対して，浦野先生より消費税の課税要件についてご質問があります。

浦野広明（立正大学）　立正大学の浦野です。先生の消費税の課税要件についてのお話を伺って，私もいくつか本件のようなケースを扱って解決させた経験を思い出しました。課税要件では，対価の問題も重要かもしれませんけれども，やはり消費税というのは事業者が事業として資産の譲渡等を行った場合に課税されることになっていますので，その対価が事業として行われたものかどうかについての判断を行わなければいけないと思います。

　消費税では事業の定義をしておりませんので，この場合には事業というものを社会通念あるいは条理というようなもので社会の一般常識として考えることになります。その場合この事業というのは営利事業を指していると思われるのです。ですから，この対価が営利事業として行われているものでなければ，そもそも消費税は課税されないのだ，こういうことではないかと思います。事業としてという判断を行わなかったのはどういう理由なのかをお聞かせいただきたいと思います。

奥谷健（広島修道大学）　ご質問ありがとうございます。この事件の中では争われていなかったということが1つ大きな理由ですが，おっしゃるとおり弁護士会の業務で行っているものということになりますと，ある種の事業性というものが考えられるわけですが，公益的なものだろうと思いますので，その点で営利的な事業としていえるかどうかというのは1つ重要な検討しなければいけない点になってこようかと考えております。

　また，別の観点で申し上げれば，弁護士法では弁護士又は弁護士法人でない者が，報酬を得る目的で，弁護士を仲介，斡旋等をすることが禁じられています。そうしますと，弁護士会がこれを事業としては行ってはいけないと，条文から読み取ることもできますので，これは事業に該当しないということを争う可能性は十分にあるだろうとは思います。

　ただ，本件においてはおそらく弁護士会の業務として行われているので，事業性については，積極的にといいますか，争われていないというのが現状ですので，本件の判決文等をもとに報告をさせていただきましたので，そちらの方に重点を置かせていただいたということでご

ざいます。

浦野 ありがとうございます。

司会 それでは，梅原先生のご報告に，後藤先生より国際的にみた場合のデフレ経済と消費税率の引き上げの関係についてご質問があります。

後藤和子（埼玉大学） 埼玉大学経済学部の後藤です。よろしくお願いします。賃金の低下が日本の長いデフレの要因になっているというところに着目されて報告されたと思うのですけれども，先生のお話はいくつかに論点が分かれていたと思います。

まず財政赤字が長く続いて，その要因としては所得税の減収とか社会保障費の増大が主な理由で，それに対して消費税というのは現行5％ですけれども，所得税収入が減り，社会保障費が増大しているのを埋めることができないというお話が最初にありました。

次に論点がデフレーションにいきまして，デフレの原因は賃金が低下していることであるという分析がありました。そしてデフレ下では消費税の税収も伸びていないという指摘があり，最後にデフレ下でどのように財政再建をするのかに関して，私の理解の仕方が正しいかどうかわかりませんけれども，雇用，賃金の改革が何よりも必要で，そのときに消費税を増税するというのは，景気変動に対して消費税は感度が悪いので，あまり意味がないのではないかとおっしゃったと思うのです。

つまり，話が3部立てになっていましたので，国際比較の視点からこの3つをつなぐと一体どういう関係になっているのかお聞きしたいと思います。といいますのは，関野先生もおっしゃっていたと思うのですけれども，中間層の賃金が減っているというのは，日本だけではなくてヨーロッパの国々でも同じように言われています。そうすると，消費税が低いということと，デフレと，賃金がずっと低くなっているということが，どのように関連していると考えたらいいのでしょうか。

グローバル化ということを念頭に置いて，しかも国際比較の視点から見た場合に，何が日本の特殊性で，消費税が現行低くて，それがどういう意味を持っていて，消費税を上げると何が問題なのかというのを，もう一度教えていただければと思います。

梅原英治（大阪経済大学） マクロ経済学の専門家ではないので，十分なお答えにはならないかと思います。ご質問の趣旨は，消費税（付加価値税）の税率の高いヨーロッパではデフレが起こっておらず，税率の低い日本でデフレが起こっている。それゆえ，日本でも消費税率を上げたら，物価が上がってデフレから脱却できるのではないかというお話というように聞いておりました。確かに消費税率を上げると，消費者物価指数が一時的には上がるわけです。ところが，1997年の増税の場合，上昇した水準があまり長続きせず，次第に元の水準へ落ちてくるという動きが見られました。

というのは，その物価上昇分が賃金に上乗せられればいいのですけれども，賃金に乗せると，それは消費税負担が国民の方に帰着しないので，一般的には国民の所得を上げないという形で対応がなされます。そうすると，実体経済の方で高い物価水準を支える需要の裏づけがないということになって，結局は物価水準がもとのさやにおさまってくるという動向になるのではないかと思われます。

そう考えれば，消費税の増税というものは，税負担を国民の所得に帰着させる政策であって，消費者から見れば賃金を上げてその分を吸収したいわけですけれども，なかなかそういう具合にいかないというところが1つの問題点と思います。特に日本でそれをやってみて果たしてうまくいくのかというと，なかなか難しいように考えます。

一般的にグローバル経済では，要素価格均等化法則が作用して，要素価格，特に賃金は低いところに平準化されるという議論もあります。もっとも，これは労働市場全般について当てはまるかというと，実際のところは必ずしもそうではなくて，付加価値率の高い市場では必ずしもそうではない動きもあって，いろんな形の動きがなされてくると思います。

また，賃金の動向については各国の労使関係の動きもかなり反映されるでしょうし，特に日本の場合には，ヨーロッパの労働組合とかなり違うところもございますので，果たして消費税の引き上げによってデフレから脱却できるのかというのは，なかなか難しい議論というように考えている次第です。

司会 後藤先生，よろしいでしょうか。

後藤 はい。

司会 それでは，同じく梅原先生に，鶴田先生よりデフレ脱却の方策としての雇用と賃金の改善についてご質問が出ております。

鶴田廣巳（関西大学） 関西大学の鶴田です。今の後藤先生の質問と少し関わるかもしれませんけれども，梅原先生の分析は，財政赤字と消費税の関わりとかデフレの関わり，そして最後にデフレから財政再建だけではなくて，ある意味で経済再建のあり方というのをどう考えたらいいかということを提起されておりまして，その最後のところでデフレ脱却の方策ということで3つの方策を挙げておられます。その中でも多分一番重視されているのは，2番目の雇用と賃金の改善という点だろうと思います。

この点では多分異論は少ないのではないかと思います。世界的にも先ほどもご指摘があったように，中間層が消滅しつつあるという見方もあって，確かに労働分配率が非常に悪くなって，最終的な消費のレベルでの落ち込みが，不況の引き金になり，デフレを深刻化させている大きな要因だと思います。では，一体それをどう克服するかというときに，一方では，経済界の考え方として，内部留保をため込んで労働者に還元するということはあまり考えないという対応があり，そこに反省を迫る必要もあるだろうと思い

ます。それと同時に具体的にどのように分配率を改善し、あるいは雇用問題に対応していくかという産業政策なり、経済政策のあり方、あるいは税制や財政のあり方をどう考えるかということが一番重要になってくるのではないかと思うのです。よくグリーン・レボリューションとか環境エネルギー革命などや農業の再生などを合わせて、いろんな改革案が出されておりますけれども、そのあたりを梅原先生はどういうふうにお考えになっているかという点についてもう少し展開していただければと思います。よろしくお願いします。

梅原 この雇用・賃金の改善を実現することは、実際にはなかなか難しいと思います。例えば、野田内閣（当時）の『日本再生戦略』を見ても、全部で11の戦略がある中で、「生活雇用戦略」というのが実は9番目なのです。国民の生活が第一と言いながら9番目なのですね。

その「生活雇用戦略」の中には、例えば20歳から64歳の就業率、女性の就業率、若者のフリーター数、ニートの進路決定者数などについて、具体的な目標値を掲げております。しかし、一番問題になっている非正規雇用に係る目標値が掲げられていないのです。こういう「生活雇用戦略」では、若者、女性、高齢者の就労支援といっても、もっぱら非正規雇用の増加につながるだけで、雇用あるいは賃金の真の改善にはつながらないのではないかと思っております。

どうしたら賃金を上げられるか、これはなかなか難しく、基本的に私的な企業ができないところは、公的なところ、すなわち政府でやっていくしかありません。つまり、最低賃金を引き上げるとか、雇用改革でいえば非正規雇用を本来の専門職に限定するとか、規制や法的な枠組みを強化していくしかないだろうと思います。この場合、あわせて中小企業に対する対策も必要と思います。

日本では、賃金の引き下げや非正規雇用の増加に、競争力の強化あるいは企業収益の改善を依存し過ぎてきたのが裏目に出て、それが今日、自分たちの首を絞めることになっていると思います。先ほどのデータでも、欧米諸国では1人当たり雇用者所得は全体として増え、また生産性も高まっていることを考えれば、雇用や賃金を改善することこそが、実は回り道のようでも需要増となり、日本経済を再生することになるのだと思います。

そういうような考え方に基づいて、ある種の国民会議、すなわちコーポラティズム的な組織をつくって、労使が話し合いながら、特に使用者側の理解を得ながら、賃金を上げていくという方策に向けていくのが一番よいと思います。

それがないと、先ほども申しましたように、供給を増やしても所得の増加となってはね返ってこないし、所得にはね返ってこなければ、需要の増加につながりません。この連関を再構築していくことが、今求められていると思います。そこのところの連関がうまく働かない限り、例えば財政を発動するとか、マネタ

Ⅱ　シンポジウム　税制改革と消費税

リー・ベースを拡大するとかしても，日本経済は動かないと思うのです。
司会　よろしいですか。
鶴田　はい，結構です。
司会　次に，やはり梅原先生に，武石先生より基礎的財政収支の考え方の問題と関連してご質問があります。
武石鉄昭（税理士）　税理士の武石です。先ほど財政赤字，デフレーション，消費税についての貴重なご提言をありがとうございました。

政府は，財政収支均衡策をとることこそが最良の経済政策とばかり，官僚，政治家，マスコミを通じて国民にこれを流布してまいりました。しかし菊池英博先生は，著書『消費税は０％にできる』の中で，この基礎的財政収支均衡策が国民をだますもので，実際にこの均衡策こそ，10年デフレと10年ゼロ成長の元凶だと言っているのです。

この具体的な例として，アルゼンチンが基礎的財政収支均衡策をとり入れて，この目標が達成した後に政府の国債償還が不可能となったと述べております。まさに「基礎的財政収支均衡策こそ国民をだまし，国家を貧乏にするための手段」と糾弾しているのです。

また菊池教授は，「外貨準備の運用益，国民の積立金である社会保障基金200兆円，それと国民の個人預貯金1500兆円など，国民のお金を国民のために活用すれば，増税なしで医療費も，年金も賄えるし，経済成長させ，失業をなくし，国家を再興できる」と言っているのです。私

もまさにこのとおりだと思います。

梅原先生にこの２点に対するご見解をお聞きしたいと思います。よろしくお願いします。
梅原　ご質問ありがとうございます。菊池先生の本は，買ったものの中身を読んでなくて，申し訳ありません。

基礎的財政収支，いわゆるプライマリーバランス論は財務省の資料にも使われているものです。プライマリーバランス論では，債務残高の対GDP比という数値をとりまして，簡単な計算式から，名目経済成長率が国債金利を下回るときには，このプライマリーバランスが均衡していたとしても，債務残高の対GDP比が発散して，財政は破綻すると結論するものです。日本の場合には，プライマリーバランスが均衡ではなくて赤字になっていることと，90年代ぐらいから名目経済成長率が国債金利を下回る状態が続いていることから，財政破綻のケースに当てはまると主張します。そこで政府は，2015年度までにプライマリーバランスの赤字を半減し，2020年度までに黒字化するという目標を財政運営戦略の中で立てているところです。

では，そもそも基礎的財政収支の考え方が果たして妥当かどうかというと，いくつかの問題点があると思います。その１つは，債務残高の対GDP比をとったとしても，果たしてそれが財政破綻を証明することになるのかということです。債務残高の対GDP比という政府の目標値というのは，あくまでも債務の規模が

どれだけかということを示すだけです。財政破綻というのは，端的に言えば国債をどれだけ消化できるのかという問題であって，債務残高の対 GDP 比は国債消化の限界を表す指標にはならないと考えています。

その点では，今のギリシャにしても，スペインにしても，ポーランドにしても，イタリアあるいはアイルランドにしても，日本より債務残高の対 GDP 比が低いにもかかわらず，国債消化の問題で危機的な状況に陥るということがあるので，プライマリーバランス論がそういう実情を表すことになるかどうか疑問に思います。

もう1つの問題点は，基礎的財政収支の均衡策をとるというと，どうしても財政緊縮策をとらざるをえない。財政緊縮策をとらざるをえないとすれば，名目 GDP を落とすことになる。名目 GDP を落とせば，結局は国債金利を下回るような成長率が出てきますので，債務残高の対 GDP 比の上昇という自己矛盾に陥ってしまう。自縄自縛といいますか，結局なかなかそこから抜け出せなくなる。そういう意味合いで菊池先生の説明を解するなら，妥当な意見と思います。

2つ目のところは，外貨準備高とか積立金をうまく使えば，増税なしでもやっていけるという意見だろうと思います。こういう意見は，例えば財務省におられた高橋洋一さんも言われていることで，霞が関の埋蔵金をうまく使えということになります。外貨準備高については，復興債の発行よりも外貨準備高を復興資金に使えばよいという意見が，野口悠紀雄さんからも出ておりました。確かに一時的には財源になりうるだろうと思いますが，それはあくまでも一時的な財源であって，一般会計の本体部分の収入と支出のギャップ，すなわち財政赤字のもともとの原因のところを埋めない限り，解決にはならないと思います。また積立金，特に社会保障基金を全部使うというのは，将来的な年金の支払いをどうするのかという問題も出てくるので，そう簡単ではないと思います。

国が保有している各種の金融資産あるいは実物資産を，なるべく有効に活用して，国民の負担をできるだけ軽減していくということは，当然行っていかなければならないと考えますので，ご提案の趣旨は理解できますが，ただ，それで一般会計の赤字の基本的な原因は解決できないのではないか，と思う次第です。

司会 梅原先生，個人金融資産の活用についてのご質問には，どうでしょうか。

梅原 個人金融資産をどうせよというのでしょうか。

司会 活用方法があるのかという質問ですね。

梅原 活用方法があるかといって，現に預貯金されているものから税金を取れとか，国債を買わせるという話ですか。その本は読んでいないので，これ以上お答えすることができず，申し訳ありません。私の報告の趣旨からいえば，大企業の内部留保の活用，社会への還元の方が重要

Ⅱ シンポジウム 税制改革と消費税

に思います。

司会 それでは，梅原先生に最後の質問として，宮入先生より不平等税制の根本的是正のあり方についてご質問があります。

宮入興一（愛知大学） 梅原先生のお話を聞いていて，梅原先生のお師匠さんでもある立命館大学の加藤睦夫先生の『日本経済の財政理論』，私も加藤先生には随分お世話になって影響も受けたのですが，何かそれを思い出しました。

日本経済論なり，今はグローバル化しましたから，そういったものと財政理論を結びつけて考えるというのは非常に重要な観点ですので，今日の梅原先生のご発表というのは，そういうふうなところもちゃんと視野に置きながら，財政の赤字問題とか消費税とかを考えていく，こういうふうな話ではなかったかと思います。

先ほど後藤さんからも出されたのですが，非正規労働者の増加だとか賃金の引き下げというのは，日本経済のデフレ脱却を考える場合に１つの大きなキーポイントではないかというふうなお話であったのですが，すでに答えておられますように，そう簡単にこれらの問題が解決できるとは思われません。

政策論として考えてみた場合には，きょうのご発表は，消費税増税の批判としては非常に有効ですし，法律論としてもそれは正しいと思います。しかし政策論としては，すぐにデフレ対策として，正規労働者の増加や賃金引上げを実現することは困難です。そうした条件下で，消費税増税ということであれば，ほかに所得税もあり，法人税もあるわけです。その意味では所得税の金持ち減税，法人税の大幅減税をこれまでやってきたわけですから，消費税だけではなしに，やはり日本全体の不公平税制の根本的な是正，税の問題だけに限定して考えてもですね，その問題もやはり入れ込んで立論されておくということが大切なのではないかなというふうに思いましたので，一寸それだけ見解を伺いたいと思います。

梅原 宮入先生のおっしゃるとおりと存じます。今回，私は当初の予定では，非正規雇用の増加と税制の関わり合いを展開したかったのです。例えば三木義一先生の『日本の税金』に，消費税が派遣労働を増やしているという記述がありますし，外形標準課税と派遣事業者との関係もありうると思うのです。税制がこの間の非正規雇用の増加を促進するような役割を果たしてきたというところを入れたかったのですけれども，力の限界で今日はできなくて，申し訳ないところです。所得税のあり方などについては，宮入先生のおっしゃるとおりで，気をつけてやっていきたいと思います。

司会 梅原先生，どうもありがとうございました。

それでは，湖東先生のご報告に対するご質問です。最初に後藤先生より，輸出還付をグローバル化の視点から考えた場合のご質問が出ております。

後藤 非常に単純な質問ですけれども，

湖東先生は，輸出還付がされるということは大企業に非常に有利で，中小企業に不利で，不平等があるからやめたらどうかというお話で，別の形をということだったと思うのですけれども，一方で今の経済状況から考えると，もし還付がなくなったらますます海外に工場を移して海外で生産することが加速しませんか？そうすると国内の雇用が失われて，梅原先生ご指摘の雇用や賃金の悪化がますます進むことにもなってしまうのではないかと思います。日本経済が閉じていれば別にいいですけれども，開いていますので，やはりグローバル化のもとでどういう状況になっていくかということを考えた上で，その輸出還付が公平であるとか不公平であるという議論をしないといけないのではないかと思いました。いかがでしょうか。

司会　湖東先生，いかがでしょうか。

湖東京至（元静岡大学）　後藤先生と宮入先生とは，同じ質問だと思います。グローバル化の中で，輸出企業が海外移転をする，あるいは輸出還付金制度がなくなると競争力が，例えばダイムラー・ベンツとかそういう企業にトヨタは勝てないということをご心配になっているようでございます。雇用の問題もご心配になっているようです。

　私は，もちろんヨーロッパをはじめ多くの国でやっている輸出還付金の問題がそれ自体競争条件にあることはわかります。しかし，かといって多くの国でやっている，だから日本は輸出還付金制度をなくすと競争に勝てない，あるいは雇用の問題が心配だということに，直ちになるとは考えません。というのは，アメリカには輸出還付金制度はありません。アメリカが世界経済をリードしている時代はもう終わったのかもしれませんけれども，やはり輸出還付金制度のない国があるということ，あるいはカナダは税率7％で入れて，6％になり，今は5％でやっています。下げているのですね。こういった傾向もこの2国に限ってはあるわけですから，輸出還付金がなくなると競争に負けるということはないのではないかと思います。もちろん日本経団連などは盛んにそのことを言っております。競争力がなくなる，だから早く税率を上げろということを言うわけで，そういう意見と，税の公平性・透明性を主張する意見とは戦いになっていると思います。宮入先生のご質問も同じ主旨なので，ここでお答えしてしまいますが，よろしいでしょうか。

宮入　よろしくお願いします。

湖東　消費税を事業税の付加価値割に変えるのを日本だけがやる，他の国は従来型の輸出還付金のある付加価値税を続けていくということになれば，やはり障害が出るのではないかというご指摘であります。

　何回も言うようですが，事業税の付加価値割に合体できるなどということは，相当の努力をしても難しいとは思いますけれども，やはり消費税にある不公平性あるいは消費税の持っている問題点とい

Ⅱ　シンポジウム　税制改革と消費税

うのを解決するために，何か模索をしなければならないということで，1つの案として出してみたわけです。ですから，グローバル化の中で輸出競争に勝てない，還付金がなくなると非常に具合が悪いという企業があることは百も承知でありますが，それを承知でなお輸出還付制度は不公平だと私は考えているのです。

　グローバル化とか競争に勝てないといっても，日本の消費税率は今5％ですが，カナダも5％ですよね。そしてアメリカにはありません。ヨーロッパは20％，25％などという高税率ですから，現状でも負けているはずです。しかし，現状でも十分還付金はあるし，日本の輸出産業は確たる地位を得ています。私は税の公平性という観点から，この制度を残していくのはいかがなものかと考えて提案をしたわけであります。よろしいでしょうか。

司会　輸出還付の問題について宮入先生と後藤先生が質問をされているわけですが，ただいまの湖東先生のご説明をお聞きになって，重ねて意見なり，質問があればお受けします。宮入先生，いかがですか。

宮入　ありがとうございました。私の出したのは一寸スタンスが違うのですが，基本的には後藤先生と同じ問題です。1国の国内制度であっても，特に税制については，やはりグローバル化の視点はどうしても入れざるをえないと思います。

　湖東先生の新付加価値割論というのは，私にとっては非常に鮮烈で，学ぶところも多くて，目からうろこ的なところもあったわけで，逆に言うとその思い入れもあったものですから質問させていただきました。その場合，グローバル化を前提として，その制度の持っている障害なり，マイナス面をどういうふうにうまくブレークスルーできるかということは，その観点がないともう一歩の説得力に欠ける点があるのではないかと思い，何とかその方法が見出せないかと思って，その意味で前向きな形で受けとめさせていただいてご質問させていただいた，こういうことでございます。

湖東　ありがとうございます。何とかしたいですね。考えられるところはまたこれから考えますが，要するに国内の問題に，私は限定しているわけです。外国から見た場合，日本の輸出企業に還付金がなくなったとしても全然構わないですね。

　グローバル化といいますが，不公平税制は国内の問題ですから，企業が公平性を保った税制を受け入れればいいということです。輸出還付金は国境調整上発生するといいますが，実際には消費税は国内税制なので，その中で解決すべきだと思っているわけです。

司会　後藤先生はよろしいでしょうか。

後藤　はい。

司会　それでは，湖東先生に，鶴田先生から新付加価値割のご提案についてご質問があります。

鶴田　今も評価が出ていましたけれども，非常に斬新なご提案をされていると

思います。ただ私の誤解かもしれませんけれども，質問をしたいことは，事業税の新付加価値割で税収のところが12兆8000億円というふうに出されているのですが，他方では新付加価値割は，法人税の計算上は損金に算入とされているわけですね。そうすると，新法人割が増えれば増えるほど法人税はなくなってしまうということになるのではなかろうかということで，そのあたりは一体どう考えておられるのでしょうか。

また，それと関わってきますけれども，計算上トヨタその他の湖東先生が精力的に計算された消費税の還付分については，私も授業などで使わせてもらったりするのです。日本のそうそうたる輸出企業が1兆円を上回るような輸出還付金をもらっているということですけれども，理論的に考えた場合に，そのすべてが輸出補助金的な性格というふうに見ることができるかどうかというのは，どうなのかというふうに考えていまして，確かに相当補助金的性格が強い，あるいはすでに中小や下請の企業が支払ったそれこそ血税的なものが事実上トヨタに帰属していっているという面がありますから，そういう意味では輸出還付ということでトヨタ1社に還付するのではなくて，払った下請業者に全員それこそシェアしなさいというふうに言いたいぐらいのところだと思います。そうはいえ還付されてくる内容のところで，補助金的なものと，それからいわゆる付加価値税の仕組みとしての国境税調整による還付分というのは，一応理論的には分けて考える必要があるのではないかなと思うのです。

何かそのあたりを考えておられたらということと，最後にもう1点だけ追加して，最近，地方の税源拡充の一環として地方消費税ということがしきりに問題になるわけですけれども，新付加価値割にすると確かに地方に大きな税収が帰属してくるわけで，そうすると国と地方の税源配分のあり方については，どのように考えておられるのかという点につきましてもご教示いただければということであります。

湖東 鶴田先生，ありがとうございます。最初のご質問で，法人事業税は損金になるので，12兆8000億円もの付加価値割を取ることになれば，その分法人税が減るだろうというご指摘です。

そのとおり減ることは減りますが，その金額まるまる減ることはありません。新付加価値割は，資本金1億円以上の法人であれば，納税義務が発生します。資本金1億円以上の法人，約2万8000社のうち，約半分の1万4000社が赤字法人です。これらの赤字法人からも税収が上がることになります。ですから，全体の減収額は，例えば法人税の税率を25％程度とすると，1兆5000億円程度かなと思います。

それと，もう1つ法人事業税の資本割なのですが，応能負担原則を適用し，累進制にすべきだと考えます。現行資本割は，平均税率0.2％となっています。これを例えば，最低税率0.1％から最高税

II シンポジウム 税制改革と消費税

率2.0％の累進税率にしますと、法人事業税の税収がかなり増えます。そうするとさらに国税の法人税は減収になるわけです。これを補うためには法人税の税率を引き上げる必要があると思います。何よりも消費税がなくなることによって、全体の経済が活性化すれば、税収はまた上がるということになります。

次に、輸出還付金ですが、全体が補助金ではなくて、国境調整の分もあるのではないかというご指摘ですが、国境調整という名目で実質的に補助金を出しているので、私はこの輸出還付金は全額が補助金であるという認識です。

鶴田先生は、輸出企業が下請に本当に払っている部分もあるのではないかというご指摘だと思うのですが、私は下請に支払うものは、すべて物価の一部だという考え方です。したがって、経済的にも法律的にも、税として負担をしていない。ただ、中小の輸出業者は仕入れが上がっている分、負担が増えています。そのため、中小輸出業者は気の毒だという意見があります。しかし私は、制度として補助金になるということについては大中小、関係ないと思っているわけです。

もともとフランスで考え出された輸出戻し税制度は、直接税であるシャウプの付加価値税を、間接税と定義を変えただけですから、私は直接税に輸出戻し税を認めることはできない、全額輸出補助金だという考え方に立っています。

それから、地方の税収になるのでその税源配分はどうかということですが、これは地方税である法人事業税の付加価値割ですから、そのまま地方税になります。そうすると、地方税収がかなり上がりますので、まず、今の消費税の税収のうち、29.5％の地方交付金、これは不要になります。それから、他の地方交付税交付金も、付加価値割等の増収分を圧縮することによって、国の税収が減っても、実際の予算額は変わらないというふうに考えますが、いかがでしょうか。

司会 よろしいでしょうか。それでは、湖東先生への最後の質問です。黒川先生より新付加価値割のご提案の意図についてご質問が出ております。

黒川功（日本大学） 日本大学の黒川です。

先生の消費税に関する問題点の整理は、大変にわかりやすくて、感心して聞かせていただきました。最後の新付加価値割という仕組みを導入するという先生のご提言ですが、対象を大企業に限定した直接税とすることによって、今の消費税の問題点が大部分解消するというものでした。これは消費税のデメリットを小さくする、すばらしいアイデアであると思って聞いたのですが、1つだけ腑に落ちなかったところがあります。なぜこの新付加価値割なのかという点です。消費税、特にその本質が形を変えた賃金課税であるというような点までは、大企業に限定しても克服することはできないと思うのですね。なぜこの提案になられたか、先生のご提案の意図をご説明いただけると幸いです。

湖東 ありがとうございます。私の発想の原点は，消費税をなくすということなのですね。その発想の下で，いろんな方策を考えたのですけれども，新付加価値割は法人事業税の中に，現行税制にあるということが，まず1つの魅力です。つまり，すでに法律が地方税法に書いてあるということです。ですから，一番近道ではないかと。例えば個別消費税という案も考えましたが，これは意外に税収が少ないのですね。廃止直前（1988年）の物品税で2兆円ぐらいなのですね。現在の出荷額に置き換えても，4兆円ぐらいにしかならないのですね。やはり10兆円を超える規模の税となると，なかなかないのです。もちろん不公平を全部なくすとか，法人税の税率を引き上げるようにすれば，もっともっと財源は出てくるわけですが，消費税をそのまま移行させるということでいえば，やはり一番魅力的なのが新付加価値割ではないかというふうに考えたわけです。

　黒川先生は，新付加価値割は賃金課税になるというご指摘ですが，付加価値の外形標準でいちばん大きいのが賃金・給与ですね。事業税に付加価値割を導入するときの反対スローガンは，給与に課税するなんてもってのほかだということでした。賃金課税にならないようにしたいのですが，これは現行法人事業税の付加価値割の計算からすれば，どうしてもなるわけです。そこで，応能負担原則に適う方法を模索した結果，資本金1億円以下の法人を除くことにしたわけです。これで労働集約型の中小企業のほとんどを納税義務者から除くことができます。次に資本金1億円超の法人のうち，労働集約型の企業に比較して，資本集約型の企業に高い負担を求めることにする。そういうことでバランスをとったらどうかということ以外に方策が見当たらないのです。

　現行事業税の資本割は，資本金額に対し0.2％の平均税率ですが，資本金1000億円以上に対しては，資本金額を50％から25％まで圧縮することを認めています。こういう仕組みを止め，資本金額そのものに税率をかけることにする。税率も超過累進税率を採用する。そうすれば資本割の税収が増えることになります。その結果，相対的に労働集約型の企業の負担が少なくなるわけです。しかし，これはあくまで相対的な話でして，ご指摘のように，賃金課税，給与課税になるということは，この税金・付加価値割の宿命であり，欠陥があることは変わりません。

黒川 実現可能性を考えての苦肉の工夫であるということ，こう理解してよろしいですか。

湖東 そうです，そのとおりです。

司会 それでは，関野先生のご報告に対して，鶴田先生よりドイツにおける軽減税率の廃止との関連で，財政全体のあり方についてご質問が出ております。

鶴田 ドイツの売上税をめぐる軽減税率，あるいはそれをどのように改革をするかということで，非常に示唆に富む報

告をいただいたのですけれども，その軽減税率の廃止をめぐる論争というのは，結局売上税の問題だけに限られずに，税制全体だとか財政全体のあり方の改革ですね，それらと不可分であることを承りました。

最近，日本でも消費税増税と関わって，給付付き税額控除だとか，他の代替案あるいは社会保障の充実だとか目的税化だとかいろんなことが提起をされているわけで，そういう意味でも税制の中だけではなくて，財政全体との関わりということがどうしても出てくるわけです。

その中でドイツは，この間の税制改革でも，法人税などにおいても課税ベースの拡大をやって税率の引き下げをやってきた1つの成功例のように紹介をされることが多いかと思います。そういう動きの背景には，国際租税競争の圧力に対して，国際租税協調といいますか，そういう両者のせめぎ合いがあるのではないかと思っているわけです。それは，例えばOECDなどの有害な租税競争をめぐる規制だとか，EUの同じように有害税制をめぐる動き，あるいはその利子に対する源泉徴収の動きなどに現れていると思うのですけれども，そういう国際租税協調との対抗関係の中で，今後ドイツの売上税の軽減税率をめぐる動きが，いろいろほかの問題とつながってくるということが最後のところで触れられていたかと思います。

特に非正規雇用の増加であるとか所得格差の拡大傾向を踏まえて，こういう逆進的な間接税，消費課税へのシフトを根本的に批判して，所得税の累進課税強化とか法人利潤への課税強化，富裕者への財産税導入を主張する議論も存在しているという指摘をされていたのですけれども，そのあたりの現状，あるいは見通しがどうなっているのかをもう少し説明をいただければと思います。

関野満夫（中央大学） なかなか準備ができていないのですけれども，基本的には租税協調より，租税競争の流れの方がまだまだ強いのではないかなと思います。だからこそドイツにおいても，個人所得税と法人税の税率引き下げということをやらざるをえなかった。法人税に関しては，課税ベース拡大によって一定の税収の確保，それからEU拡大の成果もあって法人利潤が上がったということもありまして，法人税収は減ってはいない。税率を下げたけれども，税収は上がっている。それでも，所得課税に対してドイツは税率引き下げ競争に遅れているという全体的な流れがあります。

それに対して売上税率は，2005年で16％で，ヨーロッパの中で相対的に低い。まだこっちを上げられる余地があるんじゃないのという風潮が，保守派といいましょうか，経済界から特に強い要求が出てきます。つまり，ドイツの中での雇用問題を理由にした形で，所得課税とか法人利潤課税は下げて，それを広く薄く売上税で少し賄って，社会保険料率も少し下げて雇用を確保するという，国内向きの議論で，ある程度これまでの税制改

革が行われたのではないかと思います。

　ですから、EUの中での租税競争の流れの中と、それからもし今後ドイツの中で税制改革をめぐる対抗関係が出てくるとすると、租税協調よりも国内の政治要因の方が大きいのではないかと私は思っています。ただ鶴田先生が指摘されたように、ドイツで非正規雇用、所得格差、資産格差が大きくなるのを、2000年代の税制改革は助長してしまったわけです。思い切って最高税率を下げたため、高額所得者層は減税による恩恵を大きく受け、資産格差が広がるという状況が生まれています。

　そういう中で、こういう2000年代のような税制改革の流れでいいのかという根本的な批判が当然出てきますから、売上税率は19％になったけれども、この軽減税率を廃止するというのは、そう簡単にはいかない。新自由主義的な効率論からいえばこうなってしまうけれども、これを政治的に受け入れるというのはありえないのではないかと私は思っています。ですから、ドイツの今後の国内の政治的な状況の中で税制改革の流れが決まっていくという気はいたします。

　それから、もう1つは法人利得の課税の問題でいきますと、ドイツの場合法人税があると同時に市町村が課税している営業税があるわけです。これも法人利得に課税しますから、国税の法人税は15％になったとしても、営業税を含めると実効税率は30％ぐらいです。かつては50％ぐらいあって、ヨーロッパの中ではドイツが断トツに高く、だから経済界の要求により、法人税を15％に下げた結果で、ヨーロッパの中では真ん中よりちょっと高い方になったのかなと思います。

　ただ、一方で営業税については、先ほどの湖東先生の提案とも関わってくるのですけれども、地方自治体は所得型付加価値税に変えろという形で、応能原則ではなくて応益原則にのっとった付加価値税という、本来の営業税の姿に戻すべきだという議論をしているのですね。つまり、利潤課税にしていると変動性もあるし、実効税率にも反映して、ドイツの競争力の足を引っ張る理由にされやすいということで、所得型付加価値税化することによって安定的な地方税収を確保したい、応益原則に基づく税収を確保したいという長年の要求がありますので、その形でしたいと。

　一方、経済界の方は、むしろそういう付加価値税化には絶対反対です。それから営業税が現在利潤課税になっていますけれども、これもできたら撤廃したい。撤廃することによって、思い切ってドイツ企業の実効税率をさらに引き下げ、国税の法人税率だけにする。それに代わる財源は、比例課税の地方所得税という形で住民に負わせることを要求しています。企業は負担せず、国民ないし住民に負担をしてもらうというのが、経済界の要求です。

　ですから、全体の所得格差を問題にする論点、地方自治体から見た地方税制のあり方、それから経済界から見たドイツ

Ⅱ　シンポジウム　税制改革と消費税

税制全体のあり方など，いろいろな関係の中で，売上税についても決まってくるという気がいたします。

でも，全体としては福祉国家として大きな財源を確保しなければいけない。個人所得税と社会保険料と消費課税，これが事実上3本柱ですね，法人課税については一寸地位が下がっていますから。その中で，各国の特色，特徴を出しながら，どういう形で税収ないし財源を確保して，福祉国家としての財政的なサービスを維持するかということです。これが各国で苦労しているところだと思います。

司会　それでは，関野先生に，宮入先生からドイツの売上税をめぐる論争の日本への示唆についてご質問があります。

宮入　関野先生のドイツの売上税をめぐるドイツ内部における論点は，非常につまびらかに多方面から，しかも実証的なデータも付けていただいて大変勉強になりました。私の質問は1点だけです。日本の消費税は今後，税率が8％になり，10％になるとされています。その場合に，逆進性対策といいますか，軽減税率をどうするのかという議論はようやく始まったばかりのようですし，それから給付付き税額控除も，世帯ごとの所得の確定が必要だという点になりますと，これは要するに納税者番号制，マイナンバーとも関係があります。さらに所得税等々との関係も出てまいります。その意味では，日本の消費税率の引き上げをめぐる改革の中身については，これからの課題だというふうに思われます。

関野先生には，いわばドイツにおける論争を踏まえて，何か日本の消費税改革に対して示唆していただける点があれば，是非それをお伺いしたいということでございます。

関野　外国研究から，何か日本の税制改革に参考になることがないかということですけれども，外国研究は外国研究に価値があると思うのです。ただドイツでの事例とか実証研究を見ますと，低所得者対策，逆進性対策として軽減税率を入れています。軽減税率を入れることによって，逆進性への一定の配慮といいますか，対策になるというのは，基本的に確認できると思います。

と同時に，今日の報告でも紹介しましたけれども，絶対額では高所得者層の方が消費額は大きいから，その恩恵も大きいと言われます。これは当たり前の事実ですけれども，改めてそこが出てくるわけです。軽減税率を低所得者向けでつくったのだけれども，高所得者もそれで恩恵を受ける，これをどうするか。そうならないように，"VAT給付金"というような形にしてしまうという手もあるかもしれません。

あるいは消費税率をアップする以上，所得税の最高税率をもう少し上げるというような対処をすることによって，一定の政治的調整というか，国民的な合意，公平感にかなうようなことになるのではないかなと思います。逆進性対策で軽減税率を入れたのに，それの便益が金持ちの方が大きいというのは，やはりおかし

な話になりますから，これも合わせ技で。だから，消費税だけで議論をするというのは，片手落ちなのだと思うのですね。全体の税制の中で議論しなければいけないのだろうと思います。

ドイツのシュテファン・バッハが提案した"VAT給付金"，売上税においても，これを完全に給付すると累進的な結果が生まれるという。そういう制度を設計したら，そうなるのは当たり前ですけれども，そういうふうにやることによって売上税の逆進性を逆転させることができるというのも理論的には可能なのだけれども，これだけ大きな形でやるというのはありえないというか，ほかの国でやっていないわけですからそれは相当難しい。特に各世帯の所得を正確に捕捉しなければ，また逆の不公正が生まれてしまいます。アメリカの給付付き税額控除でも，不公正といいますか，不明瞭な形で交付されていると言われています。

スウェーデン並みに各世帯の所得が完全に捕捉されていて，社会保険料とか税金とか全部わかっているようなところだったらありえるかもしれませんけれども，日本のようにそういうのが全然ない，納税者番号もないようなところで，"VAT給付金"をやろうと思ったら，逆の不公平が生まれかねませんから，すぐには難しいと思います。下手すると，また政治的な妥協で，以前の地域振興券みたいな形でお茶を濁すような，変なものになりかねないですから，そういう姑息な手段はあまりよろしくないと思っています。以上です。

司会 関野先生，ありがとうございました。あと，追加の質問が奥谷先生に2つ出ております。まず日本大学大学院博士課程の本村さんから消費税の対価性の要件についてのご質問をお願いします。

本村大輔（日本大学大学院） 日本大学大学院博士課程の本村と申します。

奥谷先生のご報告は非常に勉強になったのですけれども，2点お伺いしたい点がございまして，ヨーロッパおよびドイツにおける対価性をめぐる議論ということで，ドイツの議論というところを教えていただいたのですけれども，ドイツ以外の国で，例えばフランス等では対価性をめぐってどのような議論が行われているのか，そういった点にちょっと興味がわきまして，これが1つ目でございます。

2点目に，京都地裁判決の問題ということで，現行消費税法の中核概念たる対価概念についてこれは不明確だと。この点に関して，先生は租税法律主義の観点から，解釈論において抽象的なものを具体的に解釈していこうということで私は理解したのですけれども，この点具体的にはどのように解釈すべきなのか，お聞かせいただきたいと思います。

奥谷 ありがとうございます。1つ目の質問ですが，他の国の議論状況がどうなっているかは，申し訳ありませんが，わかりませんというお答えしかできないところではあります。ただ，ヨーロッパというふうに言わせていただいたのは，ヨーロッパ裁判所において議論されてい

るということです。そして，判決が必ずしも一貫したものにはなっていない状況があるという点では，おそらくヨーロッパ全体において明確な解答が得られていないのではないかという推測ができるというところです。例えば95年のヨーロッパ裁判所の事件は，もともとオランダの事件です。そういったようなところで，ヨーロッパ全体の議論としてまだ明確な答えが出ていないのではないかと考えているところです。

2つ目の点ですが，対価性をどのように判断するかというのは，突き詰めれば，事業者が反対給付を得るために提供するという目的的なとらえ方と，消費者，その給付の受領者がそれを得たからこそ払うという原因，その関連性を求めることによって対価性を判断することが少なくともドイツ，ヨーロッパの考え方からすると一番明確に求められるのではないかと考えているところであります。よろしいでしょうか。

本村 ありがとうございます。

司会 あと，黒川先生から，やはり奥谷先生にご質問があります。

黒川 日本大学の黒川です。実は大変興味があったのですけれども，不幸にして都合で先生のご発表は聞き逃してしまいましたので，端的にその概要を知ろうというずうずうしい質問でございます。

市場における等価交換，これを念頭に置きますと対価性で考えるのが非常に理解しやすいのですが，一般に行われている「取引」というのは必ずしもその範疇には納まりませんで，法人税でいえば交際費やら寄附金やら経費性の怪しい支出が問題になってくるような「取引」も多いと思うのですね。このレジュメの中にも法律事務所の例が載っておりましたけれども，例えば近所に弁護士事務所があって，近くにあるタクシー会社が，何か事故が起こったり，紛争があった場合には「よろしく」という約束（？）で弁護士さんを駅まで毎日送り迎えするけれども，料金をもらわないとします。いざというときに「よろしくね」と言いつつ，例えば毎日乗せてあげていたとします。もし課税庁がこれを見つけたら，法律事務所には料金相当額の売上げを認定して，タクシー会社側は交際費の損金不算入にかけた追徴とか，そういう話が出てくる可能性のあるところです。こういった明確な対価物というものがない，互酬交換とかそれに属するような「取引」が，現代でもあると思うのですけれども，こういう場合，先生の理論ではどの辺で対価性を画することができる，ないしは画するべきだというような見解をお持ちでしょうか。端的にご意見を伺えると理解に資すると思いましたので，この点についてご解説をいただきたいと思います。

奥谷 ありがとうございます。

受け取っていないので対価性はないというのが一番簡単な答えかなと思いますが，タクシーの運転手は反対給付，将来よろしくねという目的を持って提供していますが，弁護士側はそれに対してその役務提供を受けたから何か利益を供与し

ているかといえば，その時点ではないので直接的な関連性はないといえます。そういったようなところで画することができるのではないかと思います。

黒川 もうちょっと等価交換に近づけてまいります。例えば今度は相手方がガソリンスタンドであるとします。そこの従業員を駅までいつも送ってあげるのだけれども，大体経験的にそこのタクシーが入れるガスとその送り迎えの金額が同じぐらいになるような感じを両方とも持っていたとします。そこで，どちらも請求をしないとしたとします。これは明確な相手方への利益供与を伴う——少なくとも意識の中にはそういう部分がある——と思うのです。もし課税庁であれば両方売上げを立てて，どちらかの金額に合わせるか，あるいはさらに差額を何かまた交際費や寄附金にして認定課税を——法人税であれば——行う可能性が高いような事例だと思います。この場合は明確な対価性はないのですが，単なる互酬交換といいますか，緩いといいますか，非常に大ざっぱな価値の交換が起こっているようなケースにもなってくると思うのです。この辺りになるとどうでしょうか。明確に最初の事例では価値の提供がないということですが，グレーゾーンに入ってまいりますとどういうふうに考えていったらよろしいのでしょうか。

奥谷 そこに当事者間の意思の合致があるかどうか，法律関係を観念できるかどうかだろうと思います。個別具体的な，直接的な関連性を法律関係において求めようというのが基本的なドイツ，ヨーロッパ法の考え方だろうと理解をしておりますので，今のところの理解に基づいて言えば，お互いがそれぐらいの金額だろうということを推認しているだけであって，明確にそれで交換しましょうという意思表示なりの合致があればそこで法律関係をとらえて対価性ありと言えると思います。ただ，お互いに何となく気を遣っているだけだということであれば，そこにはそういった関係は観念できなくなるのではないかと思います。

黒川 そうしますと，先生のご議論では，もし同じ考え方を日本でもとることができれば，こういうグレーゾーンにおける課税庁側の認定課税には理論上対抗すべき十分な理由が存在しうると考えることが可能でしょうか。

奥谷 少なくとも契約関係はないものなので，その部分に対して双方向の贈与になるのかもしれませんし，あるいは何らかの形での理論的な構成は可能であって，反論は可能ではないかと，今のところの理解では思っております。

黒川 ありがとうございます。

司会 以上をもちまして，このシンポジウムを終わりたいと思います。この学会の特徴は，このシンポジウムで質疑応答を重ねる，そのことによって問題の理解が非常に深まる，そういうことにあるということを改めて実感いたしました。

　ご報告いただいた6人の先生方に改めてお礼を申し上げます。どうもありがとうございました。（拍手）

Ⅲ　一般報告

2012年10月20日　第24回大会（於：白鷗大学）

国税徴収法39条における第2次納税義務と詐害行為取消権の関係性
――昭和34年国税徴収法改正議論及び
　　債権法改正議論における両者の趣旨・成立要件を手がかりに――

本　村　大　輔
（日本大学大学院法学研究科博士課程）

はじめに

　昨今，債権法改正の議論が盛んに行われている。現在に至るまで，法制審議会民法（債権関係）部会において，債権法改正に向けて多様な検討がなされている。さて，税法と民法の繋がりとしては周知のとおり多岐にわたるが，本稿においては主に国税通則法42条（詐害行為取消権・以下通則法）と民法424条ひいては国税徴収法39条（以下徴収法）における第2次納税義務の関連を論じることとする。

　また，わが国の租税徴収制度の基本法ともいうべき国税徴収法が昭和34年（1959年）に改正されて以来，部分的改正はあったものの，実に半世紀以上にわたり維持されていることは周知の事実である。ここにおいて，先の問題を検討する意義は，旧国税徴収法（明治30年法律第21号）改正議論と同様に，国税徴収法がその時の経済情勢に適合的なものでならないことを意味している。確かに，詐害行為取消権の問題は本来私法の問題ではあるが，通則法42条においては，「民法423条（債権者代位権）及び424条（詐害行為取消権）の規定は，国税徴収に関して準用する」との規定がなされているところ，この規定のみをもって明確とは言い難い。また，この関係で詐害行為取消権を行使することなしに，租税債権の徴収を可能とする徴収法39条（無償または著しく低い価額による譲渡を受けたものの第2次納税義務）をどのように読むのかが問題となる。

そこで，本稿においては，昭和34年国税徴収法改正の立法過程を概観しながら詐害行為取消権と第2次納税義務の関係を考察し，詐害行為取消権をめぐる改正議論や平成16年に改正された新破産法との関係で，通則法42条や徴収法39条の実体要件をどのように読むのか，その整合的解釈を探ることを目的としたい。

I　詐害行為取消権と第2次納税義務制度との関係

　詐害行為取消権と第2次納税義務の関係につき，下級審判例は，徴収法39条の規定する第2次納税義務は，滞納者による無償又は低額の財産譲渡のために，納税者の財産につき滞納処分を執行しても徴収すべき額に不足すると認められる場合において，当該財産の流出が，法定納期限から1年前の日以後の無償又は低額の財産譲渡によるものとする実体要件のもと，当該第三者に対して補充的，第2次的に納税者の納税義務を負わせる制度であるとした上で，債務者の一般財産が当該債務者の法律行為により不当に流出し，そのために弁済資力が不足した場合（すなわち，詐害行為となるような場合）に，一定の要件のもとで，当該法律行為を取り消して当該流出財産を回復する詐害行為取消権と類似する制度であるとしている。また，詐害行為取消権に比して，徴収法39条の第2次納税義務は，当該財産の流出が，法定納期限から1年前の日以後の無償又は低額の財産譲渡によるとして実体要件が厳格化されている反面，訴訟手続によって行使する必要がないとして手続的要件が簡素化されている点で，両制度は独立した存在意義を有すると説示する[1]。さらに，このような観点から最高裁は，徴収法39条においては「詐害意思」は不要とする立場にたつ[2]。

　しかし，何故に「徴収法39条の第2次納税義務は，詐害行為取消権からは独立した存在意義を持つものとして規定されたと解すべき」か，その理論的根拠が不明確である。また，「法定納期限から1年前の日以後の無償又は低額の財産譲渡によるとして実体要件が厳格化されている」といえるのか，この点に関しては疑問がないわけではない。つまり，実体要件が厳格化されているというには，この要件事実の該当をもって詐害性が推認されるだけの効果が認められ

なければならないと解されるのである。そのことは，憲法30条および84条から憲法適合的解釈が求められることからの裏付けも可能であろう。そこで，先に挙げた国税徴収法昭和34年改正に至るまでの審議過程において，両者はどのようにとらえられていたか検討する。

II 昭和34年国税徴収法改正における審議過程にみる詐害行為取消と第2次納税義務制度の位置付け

旧国税徴収法改正にいたる契機として，租税の性格に関する認識の変化が挙げられる。つまり，複雑化した私法上の取引と滞納処分との衝突は，「国（収税官吏）対滞納者」という単純な滞納処分のあり方が多角的・多面的なものになっていき，このことから利害関係者が増えるにつれて，「官憲的な収税官吏」が行政上の義務違反者である滞納者に対して処分を行うという前提で作られていた旧法の手続上の不備と，戦後の行政の民主化という要素を加えた滞納処分における手続の民主化と合理化の必要性があったということ[4]，が挙げられよう[5]。

また，改正作業のあり方の基本的な性格を基礎づける指摘として，佐藤英明教授は以下のように述べる。「『租税優先権』が果たしていた機能を分析し，そこに含まれている要素のうち，立法目的との関係で残すべきものを，同様の機能を有する別の制度の集合に置き換える，という作業であるといえよう。たとえば，……国税が担保付債権に優先しうる範囲が広いことの理由の1つを徴収回避行為への対処の必要性に求め，国税が優先しうる時間的範囲を縮減しつつ，別に，徴収回避行為を対象とする第2次納税義務の範囲を拡充する，などというのが，この例である[6]」。すなわち，「滞納処分の民主化と合理化の必要性」と「租税の優先権」との対立が租税債権の基本的な性格づけをめぐる，法務省民事局と徴税当局との審議経過に投影できるのである。この点を物語るものとしては，租税徴収制度調査会第9回速記録に提出された法務省民事局による「租税と担保付債権との順位等に関する意見」[7]が重要であろう。その中で特筆すべきは，法務省民事局・村上委員の「全体を通ずる根本の思想は，ようするに租

Ⅲ　一般報告

税債権の徴収は滞納者の財産を対象とすべきである，滞納者以外の第三者の権利を侵害したり，第三者の財産に手をつけるということは原則として避けなければならないという建前であります。ただそのために租税の納付を回避するような講ぜられることを避けるために，現行法でもある程度の考慮が払われているのでありますが，それが十分であるかどうかという点ではさらに検討する必要があると思いますけれども，原則としては，滞納者の財産だけから出る租税の徴収をするという原則を維持すべきものであると考えます」[8]という点に，法務省の基本的姿勢が見て取れる。これに対し，租税徴収制度調査会第11回速記録[9]における徴税当局の対応は，担保付私債権の関係につき，「租税債権の公示については，一概に担保付私債権の公示と同一に論ずることができないとしても，現在一般の公示の原則に準じた措置が十分であるとは言いがたい点もある。また，1年間という期間についても現行の租税の納期限等との関係から検討の余地もあろう。そこで，……第2次納税義務の補充，詐害行為取消権行使の合理化，徴税回避を防止するための措置等の手続が整備されるならば，国税徴収法第3条及び地方税法第15条の納期限前1年の期間の短縮について検討することも考えられる[10]」と説明されており，担保付私債権との調整を図ることに対する妥協点として徴収回避を防止するために，「第2次納税義務の補充」，「詐害行為取消権行使の合理化」が提示されたことは重要といえる。

また，興味深い点としては，租税徴収制度調査会第14回速記録における「租税優先権に関する基本的な問題点」において挙げられた，租税の課税期間の開始時又は賦課期日（各税につき統一するとすれば，法定納期限の1年前）以降に納税者がその財産を無償又は著しく低い対価により譲渡し，又は権利の設定をさせた場合には，その財産の譲受者又は権利者に対して現に有する利益（譲受人等が悪意のとき又は納税者の特殊関係者に対して譲渡した場合は譲渡のときにおける当該財産の価額）を限度として納税者の滞納税額につき第2次納税義務を負わせることができるものとするか，に関する吉国幹事の趣旨説明がある[11]。すなわち，「旧国税徴収法15条（詐害行為取消権）[12]は依然残しまして15条の適用のあるもののうち最も典型的であって特に裁判所の判定を要しないと考えられるものを抜き出して，できるだけ具体化して別の規定を作っていこうという考え方でござ

います。」「ただ，詐害行為の取消をいたしますのは行政処分としてちょっと行き過ぎだという意味で，第2次納税義務制度で納税義務を課することとし，私法行為自体の取消をなさないという考え方をいたしました。」[13]これに対しては，あくまで私法行為の取消はやらないとしながらも，結局において受益者・転得者から滞納税額を徴収していくことに変わりがないとの批判が寄せられる。また，譲受人の悪意の認定を収税官吏がやることに対する困難性と実際上旧国税徴収法15条の効果をなくす意図があるのではないか[14]との批判が出たのは，当時の委員からすれば当然のことといえよう。続けて，再調査請求から訴訟に移った場合，立証責任が逆となるのではないかとの反論に対して，吉国幹事は，「悪意の有無の立証は，現在の詐害行為の取消でも譲受人，転得者が立証するという前提になって」いるとして，少なくともこの時点の徴税当局の認識としては，詐害行為取消権の訴訟形態に照らし，譲受人，転得者において「悪意」を争うことを排斥していない点は，注目に値しよう。

　このようにして，法務省民事局と徴税当局との議論は，上記のような基本的姿勢のもとに争われていくのであるが，少なくともこれまでの流れから詐害行為取消権の合理化と第2次納税義務の拡充は徴収回避行為への措置として位置付けられ[15]，悪質な徴収回避に対してはしかるべき対応がなされるべきとの思考は，調査会全体を通じた共通認識であったことがわかる。すなわち，詐害行為取消権と徴収法39条に通ずる法意としては，徴収回避行為への措置ということがいえ[16]，少なくとも徴収回避行為でないものまで課税するということまでは想定していないと解される。また，第2次納税義務制度において納税義務を課するということは，当然に租税法律主義の原則からの拘束を受け，憲法適合的解釈が求められる。すなわち，租税法律主義を構成する基底的概念の1つである税務行政の合法律性の原則から，課税庁は租税法律の規定するところに従って厳格に租税の賦課・徴収を行わなければならず，課税庁の恣意的な判断によって，税法の解釈・適用がなされてはならないことが要請される[17]。この点，さらに敷衍するならば，最高裁平成18年1月19日第1小法廷判決[18]がいうように，本来の納税義務者から無償又は著しく低い額の対価による財産譲渡等を受けた「取引相手」に留まる者までが第2次納税義務者にあたる事案が出てきた現在

においては，徴収法39条における第2次納税義務の適用においては少なくとも徴収回避行為該当性，言い換えれば行為の詐害性を判断要素とする余地があると解される。

Ⅲ　債権法改正議論における詐害行為取消権

　詐害行為取消権の法的構成をめぐる争点は，民法424条の規定する取消権の法的性質等をいかに解するか，また民法425条の「前条の規定による取消しは，すべての債権者の利益のためにその効力が生ずる」という規定をめぐり，この規定が何を意味するのかに関しても議論がなされている。さらには，平成16年破産法改正により，代物弁済・本旨弁済・担保供与等の詐害性について，その成立要件について従来の判例法理や民法学説との関係について問題が提起されている。[19]

　そこで，詐害行為取消権の法的性質についての諸学説を概観するに，①形成権説[20]は，民法424条の取消しの効果は同121条の法律行為の取消しと同じであり[21]，同条の定める権利は形成権であるとされ，②請求権説[22]は，詐害行為取消権の目的は，受益者の手中に逸出した財産を債務者の財産へ返還することにあり，取消債権者は受益者に対し，衡平上の理由に基づき民法424条の規定によって，逸出財産の返還請求権を取得すると主張される。③折衷説[23]は，最高裁が取消権の本体は詐害行為の取消しを目的とする権利（形成権説）と逸出財産の取戻しを目的とする権利（請求権説）が合わさった権利である旨判示したことから，折衷説と呼ばれる。[24]この説は，取消しの効果が原告たる取消債権者と被告たる受益者または転得者の間にのみ及ぶと解し，訴訟に関与しない債権者には及ばないとする。また，転得者がある場合には，取消債権者は受益者を被告として価格賠償を請求してもよいし，転得者を被告として現物の返還を請求してもよいとする。さらに，取消しのみの請求も適法な訴えであると判示する。続いて，先の理論的欠陥を批判する立場から④責任説[25]が提示される。つまり，取消権は，逸出財産を取消権者の行う強制執行の対象に回復せしめる効果すなわち責任法的無効という効果を生ぜしめる一種の形成権であると解し，取消権者は形成権

の行使である取消訴訟が確定した後に，受益者または転得者を被告として，債権者に対する債権の満足のために詐害行為の目的物に対して強制執行をすることができる旨の判決すなわち執行認容判決を債務名義として，強制執行を行い債権の満足を得ることができるとするものと説明する。また，⑤訴権説は，取消権の法的性質を「訴権＝アクチオ」つまり，実体法上の権利と訴訟法上の権利とが合体した権利であるととらえる。そして，取消権の行使が裁判上（訴えまたは反訴）に限定されるのも訴権という性質を引きずっているため，取消権の効果を論ずる際にはまずその訴訟形態が何であるのかを確定すべきだとする。さらに，比較法的・沿革的考察の結果として，民法424条は執行認容訴訟そのものを規定していると解すべきであり，425条は執行忍容判決の効力を総債権者に拡張するという法技術的意義を有しているとする。また，この訴権説の考え方に立脚すると，本判決が取消しの効力の相対性を判決効の相対性の原則から導き出したことは，取消権の訴権としての性質上，当然の帰結と解することに特徴がある。

以上概観したとおり，詐害行為取消権をめぐって判例・学説は必ずしも一致していない状況にあることは確かである。このような状況から，詐害行為取消権制度の不透明性への措置は必要であるとの観点から，詐害行為取消権も改正議論の俎上にのぼることとなる。

詐害行為取消権の基本的方向性として，現行の詐害行為取消権は，その中核的規定である現民法424条が一般的な規定であって，そのもとで解釈論の展開がなされており，規定としての透明性が低いとの指摘がなされている。要件および効果について，その帰結を極力明確にすることが適切であり，その場合には，倒産処理手続との連続性，否認権との整合性を考慮することとされている。その制度趣旨としては，詐害行為取消権は，責任財産の保全のため，債務者のもとへ財産の回復を図る制度としてとらえるとされている。

IV　平成16年破産法改正との関係

債権法における詐害行為取消権は，破産法との整合的解釈の要請から，要件

の明確化が図られようとしている。これを税法の関係に投影すれば，通則法42条と実体的要件が置かれる徴収法39条との関係に類似する。確かに，徴収法の目的は「国税収入の確保」であり，破産法の目的とするところは「企業倒産に伴うセーフティネット」といえ，一見相違するように見えるが，窮状会社の維持再生や窮境債務者の事案・経済生活の再生を図り，倒産・破産等による社会的・経済的影響をより小さく食い止めようとする点においては，徴収法の側においてもより安定的かつ平穏に租税徴収の確保が叶うということがいえ[30)][31)]，両者の整合的解釈が成立する余地もあろう[32)]。そこで，破産法における否認権の成立要件と徴収法39条の成立要件とを比較・検討する。平成16年に破産法が全面的に改正され，否認権の規定も大幅な改正を受けた。特に新破産法160条は詐害行為否認に関する詳細な規定を定めており，民法424条との関係が問題となる[33)]。破産法改正が民法424条との関係で問題となるのであれば，わが国の税法は通則法42条で民法424条を準用しており，その影響は決して少なくなく，無関係とはいえないと考えられる[34)]。

　新破産法においては，詐害行為否認規定は行為の時期に応じて，2つの類型がある。1つ目の類型は問題となった行為の時期を問わずに，詐害行為を対象とする否認であり，詐害および破産者の害意の2つが否認の積極要件であり，詐害についての受益者の善意が消極要件である（破産法160条1項1号）。2つ目の類型は支払停止または破産手続開始申立て（支払停止等と呼ばれる）後の詐害行為であり，詐害行為の存在が積極的要件となり，支払停止等および詐害についての受益者の善意が消極要件である（破産法160条1項2号）[35)]。これに対して，通則法42条をめぐる裁判例として，納税者の行為が行われた時点において，租税債権がいまだ成立していない場合であっても，租税債権の基礎となる法律関係や事実がすでに発生し，租税債権の成立が高度の蓋然性をもって見込まれていたときには，詐害行為取消しを認めうるとしている[36)]。この点，徴収法39条は，「法定納期限から1年前の日以後の無償又は低額の財産譲渡」と行為の時期に一定程度の制限を設けている。

　新破産法は，詐害行為否認において対価的均衡を欠いた代物弁済に関してだけ否認を認めるという立法を行った（破産法160条2項——詐害的債務消滅行為）。

加えて，新破産法161条1項柱書は「相当な対価を得てした財産の処分行為」が原則として詐害行為とはならず，同法161条1項1号から3号の要件を満たす場合にのみ否認できると定めた（詐害行為否認に対する特則である）[37]。この点においては，徴収法39条においては無償または著しく低額の譲渡に限定されているために，「相当な対価を得てした財産の処分行為」は除外されていると考えてよいであろう。すなわち，無償又は著しく低い額の対価による譲渡等の処分の範囲については，国及び法人税法第2条第5号に規定する公共法人以外の者に対する処分に限られ（施行令14条），「著しく低い額」の判定にあたっては，「当該財産の種類，数量の多寡，時価と対価の差額の大小等を総合して，当該取引価額が通常の取引額，すなわち，時価に比して，社会通念上著しく低いと認められるか否かにより，判断すべきものと解す」[38]べきとされている。また，一般に時価の明確な財産（上場株式，社債等）の対価が時価より比較的僅少な場合，又は値幅のある財産（不動産等）の対価が時価の2分の1をある程度上回っている場合であっても，「著しく低い額」と判定すべき場合があるとされている[39]。この点，筆者としては，いわゆる当該詐害行為が弁済資力の不足に基因することに対して第2次納税義務者に「詐害意思」を媒介とする訴を認め，「著しく低い額」の判定についても詐害性を考慮すべきと解する。

　民法424条の詐害行為の主な成立要件は，債務者の無資力・債務者の悪意・受益者または転得者の悪意である。これらを総合的に考慮して行為の詐害性の有無が判断される。この点，新破産法のような個別列挙主義的かつ綿密な要件の立て方とは異なる[40]。民法と新破産法の詐害行為の成立要件を比較すれば，新破産法においては，債務額を超過しない価値を有する目的物による代物弁済（詐害的債務消滅行為）は詐害性を有しない（破産法160条2項）のに対して，民法424条に関する裁判例は，代物弁済はそれが債務者の義務ではないという理由で，相当価格による代物弁済も詐害性を有すると判示している[41]。

　新破産法は160条1項柱書により，一部の債権者に対する担保の供与または本旨弁済等の債務消滅行為（偏頗行為）は詐害行為にはあたらない旨，規定されている。これに対して，民法424条をめぐる判例は，既存債務の弁済は一般的には詐害行為にならないが，一部の債権者と通謀しこれらの者に優先的に弁

済の満足を意図があれば詐害行為になり[42]、一部の債権者への担保供与行為が詐害行為に当たるとした裁判例は複数存在する[43]。一方で、生計費および子女の教育費を得るためになされた譲渡担保や[44]、牛乳小売業の継続のために合理的限度を超えない範囲で仕入先のためになされた譲渡担保は詐害行為に当たらないとされている[45]。この点に関し、徴収法39条は「担保の目的である譲渡」を除外しているのに対して、「債務の免除」や「その他第三者に利益を与える処分」との抽象的な規定にとどまり、新破産法や上記判例に比べ不明確性を伴うものとなっている。筆者としては、租税法律主義および取引の安全性の見地から、少なくともここにいう「その他第三者に利益を与える処分」には善意の第2次納税義務者の本旨弁済は含まれないものと解したい。また、強制換価手続による財産の移転や生計を一にする親族の生活費、学費等に充てるためにした社会通念上相当と認められる範囲の金銭又は物品の交付も当然に含まないといえよう。さらに、遺産分割協議が徴収法39条の対象となるか否か争われた事例で、最高裁は遺産分割協議が、滞納者である相続人にその相続分に満たない財産を取得させ、他の相続人にその相続分を超える財産を取得させるものであるときは、徴収法39条にいう第三者に利益を与える処分に当たり得る[46]としている。しかし、上述のとおり徴収法39条の実体的要件にどのようにして徴収回避性を読み込んでいくのか、課題を残すものとなっている。

おわりに

以上のことから、昭和34年国税徴収法改正に至る審議過程から詐害行為取消権と徴収法39条に通ずる法意としては、徴収回避行為への措置ということがいえ、少なくとも徴収回避行為でないものまで課税するということまでは想定していないと解される。また、第2次納税義務制度において納税義務を課するということは、当然に租税法律主義の原則からの拘束を受け、憲法適合的解釈が求められる。また、詐害行為取消権の法的性質すなわち趣旨・成立要件を概観したが、現状判例・学説は一致しているとは言い難く、法制審議会民法（債権関係）部会は平成16年破産法改正との整合的解釈の必要性から、趣旨・成立要

件の明確化をめざしている。このような議論の状況に鑑み，いわば試論的に破産法における否認権および詐害行為取消権と徴収法39条の成立要件の比較を行ったが，少なくとも両者の考え方に大きな違いはあるとは考えられない。両者の架橋を阻害するものとしては結局をもって，昭和34年国税徴収法改正議論の審議過程からみてとれる「租税の優先性」すなわち「租税は租税であるために優先する」とのドグマ的発想である。換言すれば，国税徴収法全面改正から半世紀以上過ぎた現代において，仮に徴収法39条をはじめとする第2次納税義務が「徴収回避行為」や「詐害行為」に該当しない善意の第2次納税義務者に対してまでも徴収可能とするならば，それは法定権利侵害制度として機能することとなり，行政の民主化を阻害する要因になるおそれがある。つまり，徴収法39条の第2次納税義務における課税・徴収を正当化し得る根拠は，詐害行為取消権理論の範疇を飛び越えてまでは存在しえず，形式的要件事実の該当のみをもって，課税・徴収を可能ならしめる解釈は人権侵害につながり，租税法律主義の崩壊を招くものとして，妥当ではない。したがって，第2次納税義務者の権利保護の立場から通則法42条および徴収法39条の解釈論の展開については，徹底した租税法律主義の貫徹すなわち厳格・限定的解釈がめざされるべきと解する。[47]また，先の諸改正や改正議論を契機に，第2次納税義務者自身の実体法上の地位を中心とした解釈論的・立法論的再構成をめぐる議論がさらに発展することを願って，本稿の結論としたい。

注
1) 大阪地判平成19年12月13日判タ1269号169頁。同趣旨のものとして，東京地判平成19年10月19日民集63巻10号2531頁および東京高判平成20年2月27日民集63巻10号2560頁。
2) 最判平成21年12月10日判タ1315号76頁。本件にかかる評釈・論文として，前川勤・東北法学36号221頁，高橋祐介・民商法雑誌142巻6号575頁，古田孝夫・ジュリ1423号98頁，神山弘行・ジュリ1422号149頁，山田二郎・税務事例43巻5号32頁，堀招子・税経通信65巻14号151頁，倉見智亮・同志社法学63巻3号235頁，西山恭博・創価法学41巻1＝2号95頁，谷口哲也・判タ32号322頁（平成22年度主要民事判例解説），青木康國・ジュリ207号50頁〔租税判例百選 第5版〕，古田孝夫・法時64巻4号202頁が挙げられる。
3) 北野弘久『税法学原論』（青林書院，第6版，2007）98頁は，租税法律主義の法理的要請として以下のように説く，すなわち，「税法の解釈・適用に関して同一法令のもとで複数の見解が成立する場合に『疑わしきは国庫の利益に反して』……という法理が成り立つ。この法理は，法の解釈についてのみならず要件事実の認定についても妥当する

Ⅲ　一般報告

ことはいうまでもない。したがって，当該事実関係が積極的に課税しうる程度にまで明確でない場合には課税することができない」。
4) 青山善充・碓井光明編『租税法制定資料全集国税徴収法〔昭和改正編〕(1)』(信山社，2002) 8頁(佐藤英明執筆部分)。上記資料は全6巻に及ぶため，以下『立法資料(巻数)』と略す。
5) 当時の改正に至る経緯の詳細については，吉国二郎ほか編『平成21年改訂国税徴収法精解』(大蔵財務協会，2009) 9頁。
6) 前掲註4)10頁。
7) 同上290頁以下参照。
8) 同上296頁。
9) 同上358頁以下参照。
10) 同上385頁。
11) 同上433頁。
12) 下線部分は，筆者加筆。
13) 前掲註4)470頁。
14) 各調査会において徴税当局からは，実際において旧国税徴収法15条の適用事例がほとんどないことは，たびたび説明されており，一方で第2次納税義務が多く使われていたとある(租税徴収制度調査会第10回速記録における吉国幹事および宇佐美幹事の説明)。
15) その後の，「第2次納税義務の補充，詐害行為取消権行使の合理化」に関する議論で重要なものとしては，租税徴収制度調査会第15回速記録(前掲註4)，510頁以下参照)，同16回(『立法資料(2)』3頁以下参照)，同37回(『立法資料(3)』410頁以下参照)，同第2回幹事会(『立法資料(5)』44頁以下参照)が挙げられる。
16) 調査会全体を通して，徴収回避行為と詐害行為との用語の使い分けは，必ずしも明確には区別されておらず，ほぼ同義の意味として使われていたと考えられる。
17) 北野・前掲註3)95頁。
18) 民集60巻1号65頁，判タ1213号83頁。また，この点に関して，金子宏『租税法』(弘文堂，第17版，2012) 154頁がある。
19) 佐藤岩昭「詐害行為取消権の法的構成」民法の争点(2007) 201頁。
20) 石坂音四郎「債権者取消(廃罷訴権)論」同『民法研究(2)』(有斐閣書房，1913) 82頁以下所収。
21) 大判明治38年2月10日民録11輯150頁。
22) 雉本朗造「債権者取消ノ訴ノ性質」法学志林17巻12号63頁，18巻1号19頁。
23) 大判明治44年3月24日民録17輯117頁，評釈として佐藤岩昭「詐害行為取消権の性質」ジュリ196号30頁(以下，佐藤・評釈)を参照。
24) 我妻栄『新訂債権総論』(岩波書店，1964) 172頁。
25) 下森定「債権者取消権に関する一考察(1)(2)」法学志林57巻2号44頁，同3・4号176頁，中野貞一『民事執行法』(青林書院，増補新訂6版，2010) 293頁以下。
26) 下森定『債権者取消権の判例総合解説』(信山社，2010) 32頁。
27) 佐藤岩昭『詐害行為取消権の理論』(東京大学出版会，2001) 334頁。
28) 佐藤・前掲註23)31頁。

29) 民法（債権法）改正検討委員会編『詳解債権法改正の基本方針Ⅱ』（商事法務，2009）449頁。
30) 中村芳昭「国税徴収法の現状と課題」租税法研究33号8頁。
31) 財政学的批判として，霜島甲一『倒産法体系』（勁草書房，1990）227頁。
32) 前掲註30)23頁。
33) 伊藤眞『破産法』（有斐閣，第4版補訂版，2006）369頁。
34) 破産法改正と租税債権と関係につき考察したものとして，前掲註30)，佐藤英明「破産法改正と租税債権」68頁以下参照。
35) 伊藤ほか『条解破産法』（弘文堂，2010）1018頁。
36) 横浜地判平成7年9月26日訟月42巻11号2566頁。
37) 伊藤・前掲註33)381頁以下。
38) 福岡高判平成13年11月9日・LEX/DB URL: http://202.248.47.42/lexbin/ShowSyoshi.aspx?sk=634860194263148750&pv=1&bb=28071649
39) 広島地判平成2年2月15日判時1371号82頁。
40) 前掲註19)204頁。
41) 最判昭和48年11月30日民集27巻10号1419頁。
42) 最判昭和33年9月26日民集12巻13号3022頁。
43) 最判昭和32年11月1日民集11巻12号1832頁，最判昭和35年4月26日民集14巻6号1046頁。
44) 最判昭和42年11月9日民集21巻9号2323頁。
45) 最判昭和44年12月19日民集23巻12号2518頁。
46) 前掲註2)76頁。なお，占部裕典「判批」判時2108号153頁は，遺産分割協議の内容に合理的事情がある場合には，徴収法39条の適用は制限されるとする。
47) この考え方は，租税債権においては，優先的効力の範囲にも，その用いうる強制力の程度にも，徴税当局の認定と裁量に委かされている幅が相当に広いことに関して，制度の運用に当たっては慎重の上にも慎重を期すべきであり，真に止むを得ない場合の最後の手段として講ぜられるべき（前掲註5)，所収の我妻栄「序」）との，当時の調査会責任者であった我妻栄会長の戒めの言葉に通ずるものと考えられる。

退職金課税の起源と変遷

犬 飼 久 美
(立命館大学大学院法学研究科博士課程・税理士)

はじめに

　わが国の企業が実施する退職金制度は，昨今，確定拠出制度やポイント制の導入などにみられるとおり，年金利回りの低下や高齢化による負担の増加などの理由から，その内容や考え方が，制度の発足当時より大きく変化している。一方で，適格退職年金制度の廃止に伴い年金受給者等が取得した一時金の所得分類の問題などにみられるとおり，退職金に対する課税制度がその変化に対応しているのか疑問である。そこで，現在の退職金制度にふさわしい課税方法を検討するにあたり，退職金制度や課税方法をその起源から検討し，わが国の退職金課税に対する根本的思想を再検討したい。

　本稿においては，その手始めとして，明治20年所得税法制定時に退職所得が課税対象外とされた理由を検証し，その後，昭和13年に課税対象とされた時代背景を辿ることで，退職金の課税制度は，当初より政策的配慮により形成されてきたことを明らかにする。そして，昭和6年の税制整理準備委員会から戦後の国会での議論を調べることで，退職所得の計算構造についても，戦後の行政整理，企業整理といった特殊事情を背景に，政策的配慮のもとで優遇措置が設けられるに至った点を指摘する。結果，退職金に対する課税制度は常に政策的配慮によって形成されている以上，現在の課税制度が適正であるかどうかを図るためには，税法における退職金課税の概念と，実際に運営されている退職金制度との乖離を認識する必要があることを論じたい。

I 所得税法制定当時退職金が課税対象外とされた理由

　明治20年所得税法制定当時，退職金は課税対象外であった。その理由について，これまで具体的に検討した先行研究はなく，明治20年所得税法が制限的所得概念を採用していたためと記載されている程度であった。そこで，その起源の検討に当たり，どういう経緯で退職金が課税対象外となったのかを確認するため，①明治20年所得税法律案，②元老院での議論，③当時参考とされたプロイセン及びイギリスにおける当時の所得概念，④当時の実務解説書，の４つの点から検討した。

1　明治20年所得税法草案からの検討

　明治20年所得税法では，第３条第３項において「營利ノ事業ニ屬セサル一時ノ所得」を課税対象から除外している。この当時すでにわが国では，退職金制度の原型といえる制度が実施されており，退職金は，この「營利ノ事業ニ屬セサル一時ノ所得」に該当するものとして課税対象外所得になると解されていた。

　そこで，なぜ明治20年所得税法が，「營利ノ事業ニ屬セサル一時ノ所得」を課税対象外としたのか，その経緯を確認するため，明治20年所得税法の公布までに作成された４つの草案に「營利ノ事業ニ屬セサル一時ノ所得」が非課税所得として規定されていたかどうかについて調査した。その結果は，次のとおりに整理できる。

　イ)　**明治17年11月「収入税法律案」**[2]　　収入税法立案には，非課税所得に対する明文規定はないが，第４条において，課税対象所得を営利目的の継続的行為から生ずる所得に限定している。「營利ノ事業ニ屬セサル一時ノ所得」を営利目的の継続的行為から生ずる所得や労務の対価としての性質を持たない所得であると解釈するならば，課税対象所得を営利目的の継続的行為から生ずる所得に限定して規定することにより，「營利ノ事業ニ屬セサル一時ノ所得」を間接的に課税対象から外していると考えられる。

　ロ)　**明治17年12月「所得税則」**[3]　　所得税則では，第５条において非課税項目を

規定している。阿部勇教授は、そのうち、公共及び公益事業についての所得が「營利ノ事業ニ屬セサル一時ノ所得」に相当すると解説している。しかし、そのように解するならば、民間における勤労に基づく所得としての性質を有する退職所得は「營利ノ事業ニ屬セサル一時ノ所得」から除外されてしまう。その結果、退職金は課税対象に含まれるということになり、当時の解釈から乖離する。したがって、所得税則においても収入税法律案と同様に、第1条及び第2条において営利目的の継続的行為から生ずる所得に限定して課税対象と規定することにより、「營利ノ事業ニ屬セサル一時ノ所得」を間接的に課税対象から除外していたと読み取れる。

ハ）明治18～19年頃「所得税則修正案」[4]　　所得税則修正案は、大蔵省文庫が所蔵する松方家文書の第37号に納められていたが、第37号の史料は欠落しており、現状において原文を確認することはできず[5]、現在確認することができるのは、高橋誠教授の論文の脚注に引用紹介されている部分に限られる。引用箇所には、非課税所得に該当する部分はなく、収入税則修正案において「營利ノ事業ニ屬セサル一時ノ所得」が非課税項目に挙げられていたかは不明である。しかし、課税対象所得の部分は引用されており、収入税則修正案においても第1条において課税対象所得を資産又は労力により生ずる所得に限定して規定することにより、「營利ノ事業ニ屬セサル一時ノ所得」を課税対象から除いていたと考えられる。

ニ）明治20年1月「所得税法草案」[6]　　所得税法草案の第3条において、「營利ノ事業ニ屬セサル一時ノ所得」が初めて非課税項目として規定された。所得税法草案は、内閣及び元老院の審議を経て公布に至るまで3度の修正がなされているが、非課税規定である第3条については、まったく変更されないまま公布に至っている。

以上4つの草案を比較してみると、収入税法律案から所得税法草案に至るまで、課税対象所得を資産又は営業等から生ずる、いわゆる経常的な所得を前提にしており、「營利ノ事業ニ屬セサル一時ノ所得」は、別途非課税規定によって除外するまでもなく、課税所得の定義の段階で、そもそも課税対象から除外されていたと考えられる。その上で、所得税法草案以後、確認規定といった意

味合いで，別途非課税規定の項目に加えられたと思われる。

2 元老院での議論

所得税法草案は，内閣に提出され，そこで多少手を加えられたのち，元老院に提出され，再び2度の修正がなされた上で公布に至った。

元老院における所得税法草案の審議では，交際費及び割賦賞与金について，直ちにその金額を課税対象所得に加えるという修正案が出された[7]。これに対し，鑿岡公張は，三菱会社の郵船事業を廃止するにあたり，番頭や手代に数千万円の割賦賞与を配給した事例を挙げ，これは，永年の勤労を積んで取得するものなので，通常の毎年支給される割賦賞与金とは別にすべきであり，そのような事例を無視した改正を行うと「營利ノ事業ニ屬セサル一時ノ所得」の条項に抵触すると主張した[8]。

また，尾崎三良からは，交際費，割賦賞与金を課税対象から外すと，給与を下げて，その分を交際費等として給付する租税回避を広く認めることになるとの意見が出たが[9]，これに対して，山口尚芳から「營利ノ事業ニ屬セサル一時ノ所得に課税せず，定例の所得には課税するのは当然であり，不時の慰労金ならもともと課税対象外となる。」といった趣旨の意見が出たため[10]，結局，交際費については，もともと課税対象所得とされていた手当金の中に含まれるものと解釈し，割賦賞与金のみ課税対象所得に追加することで決着した。この経緯から，退職金は，制限的所得概念に基づき理論的整合性を検討した結果，非課税とされたものではなく，退職金のような性質を持つ所得に課税することは酷であるという政策的配慮によって課税対象から除外されたことがわかる。

3 プロイセン及びイギリスの当時の所得概念

明治20年所得税法は，プロイセン，イギリスのいずれがもとになったか学説の対立があるが，両国とも制限的所得概念をとっていることに相違なく，わが国がそれを継受したことには争いはない。また，退職金はわが国独特の制度であるといわれており[11]，両国には退職金に相当する所得がないため，本稿では，どちらがもとになったかについては検討しない。明治20年所得税法制定時の研

究を行った論文によると，当時，松方正義の側近であった田尻稲次郎は，フランスの経済学者ポール・ルノア・ボリュー（Leroy-Beaulie, Paul）の財政学の影響を受けたとある[12]。しかし，ボリューは，植民地思想に影響を与えた学者で，わが国の所得概念に影響を与えたとは考えられない。

包括的所得概念のもととなるシャンツ（Georg Schantz）の純資産増加説の発表は1896年で，日本における所得税導入の9年後にあたる[13]。ドイツではロッシャー（Wilhelm Rosher），コーン（Gustav Cohn）らによる制限的所得概念の時代であった[14]。

また，アメリカの経済学者リチャードグードによると，制限的所得概念は，イギリスでは農業が支配的な経済であり，封建的な制約により土地の売却に相当の制約があった時代の産物とある[15]。こうした考え方を当てはめれば，制限的所得概念のもと退職金が所得に含まれないことは明らかである。

4 当時の実務解説書の分析

明治20年所得税法が，明治20（1887）年3月23日に官報公告されると，翌月に出版された牧村兼吉『国民必携所得税法詳解 完』を皮切りに，29種類もの解説書の出版が確認されている[16]。そこで，明治20年の出版が確認されている実務解説書で国立国会図書館デジタルアーカイブにて入手可能であったものが，それぞれ「營利ノ事業ニ屬セサル一時ノ所得」をどのように解説しているか検討した。詳細は別稿にまとめてあるので，ここでは結論のみ記載すると[17]，いずれの解説書も所得の源泉から周期的・反復的にもたらされるものだけを所得とし，一時的・臨時的な所得，あるいは資本取引に該当するものは課税対象外とする源泉説の概念から解説している[18]。退職金を積極的に定義に入れて解説しているものはないが，礼金，勉励褒賞金に含まれていると解することはできる。しかし，退職金が課税対象外とされる理由を源泉説の概念で解説しようとすると，退職金は労務対価性のないものと解釈することになる。

また，当時の解説書では，功労や勉励に基づく賞与が「營利ノ事業ニ屬セサル一時ノ所得」に該当するか否かについて，(イ)非経常的な所得であることに着目し，一時の功労に対する賞与であれば，恩恵報酬又は勉励報償金を問わず，

非課税とする見解，(ロ)贈与としての性質に着目し，対価性のない，一時限りの贈与としての性質のある賞与のみ非課税となり，勉励賞与金など対価性が認められる賞与は，一時のものであっても非課税にはならないという見解，(ハ)偶発性に着目し，予見性がない賞与や非経常的な賞与のみが非課税となるという見解，の3つに分かれている。

　ここで，元老院での議論を振り返ってみると，元老院では，恒久的な割賦賞与金については課税の対象とし，三菱会社の郵船事業の閉鎖のような不時の賞与については，課税しないとした。しかし，勉励賞与金のように，永年の勤労を経て受ける退職金とは，また異なる性質の非経常的な賞与について，具体的にどのような範囲までを「営利ノ事業ニ属セサル一時ノ所得」に該当すると解釈するかは議論されなかった。そのため，上記のとおり「営利ノ事業ニ属セサル一時ノ所得」の解釈により，非課税となる賞与の範囲について，3つの見解が考えられるようになった。

　すなわち，(イ)の見解によると，割賦賞与金以外の一時の功労に対する賞与であれば，恩恵報酬又は勉励賞与金を問わず非課税となり，非課税となる賞与の範囲が最も広くなる。(ロ)の見解は，予見性の有無にかかわらず，対価性のない贈与の性質をもつもののみ非課税としているため，三菱会社の事例のような不時の賞与や恩恵報酬は非課税となるが，勉励褒賞金は当初の約定の有無にかかわらず課税対象となる。(ハ)の見解は，予測可能性の有無によって判断するため，(ハ)の見解によれば，恩恵報酬又は勉励賞与金を問わず，予め約定されていれば，非課税とはならない。逆に，予め約定されていないのであれば，恩恵報酬又は勉励賞与金のいずれであっても，非課税となる。

　そして，このように「営利ノ事業ニ属セサル一時ノ所得」に該当する非経常的な賞与の定義が不明瞭であったことから，その後において，会社から給付される金銭が「賞与の性質を有する給与」又は「営利ノ事業ニ属セサル一時ノ所得」のいずれに該当するかについての訴訟が提起され[19]，その結果が退職金への課税に影響を及ぼしていくこととなる。

Ⅲ 一般報告

Ⅱ 制度面からみた退職金制度の変遷

　退職金制度の原型は，江戸時代の商家における暖簾分けにあるとする説が有力であり，末弘厳太郎名誉教授の「勞働者が永年安い賃金で無事に勤めを仕上げると，雇主はそれに對する慰勞若しくは謝禮の意味で暖簾分けをしてやるとか其他現在の退職手當に相當する何等かの贈與的給付をする」[20]という説を支持するものである。

　さらに，その歴史的背景を裏付けるものとして，三井家の宗竺遺書に，「一。使用人に對しては，慈悲の心を以て優遇しなければならぬ。使用人の吉凶に關する費用は積立金から出してやらねばならぬ。其他使用人の退職手當や特別賞與も積立金から出さねばならぬ。同族には特別賞與は必要でない。」と記されており，[21]江戸時代から三井家等の財閥では，使用人への恩典的措置として退職金制度が取り入れられていたことがわかる。

　一方，上記の暖簾分けに端を発する退職金制度とは別に，明治維新以降のわが国では，急速に産業の工業化が進み，有用な人材確保を目的とする労働者の足留めのための退職金制度が発祥し，発展していった。具体的には，官業において労働者確保を目的とする使用者全額負担の退職金の制度が誕生する一方で，民間企業においても，労使共同負担の共済制度が発足した。[22]このほか，当時は，強制預金とも表現される，労働者の意思にかかわらず，賃金の一部を天引きし，その労働者名義で貯金をし，退職等するまで引き出せない制度によっても退職金が支払われていた。[23]

　これらの労働者の足留めのために，予め労働条件として明示されたものを受ける退職金や，本人拠出分の払い戻しによる退職金からは，恩典や贈与という性質を見出せず，これらはまさに，労働の対価というべきものである。

　したがって，わが国の退職金には，江戸時代の暖簾分けを起源とするものと，明治以降の労働者の足留めのための満期賞与を起源とするものの2つがあり，両者はまったく異なる性質の所得であるといえる。

　しかし，退職金の性質をはかるときには，両者を結びつけた議論がなされ，

そのことが税制上の不均衡を生じさせる原因になっている。

Ⅲ　退職金が課税対象となった経緯

　明治32年改正で課税対象外とされた利益割賦賞与金が，大正9年改正で課税対象となったことにより，退職金が節税策として注目されることとなった。上記Ⅰ**3**で指摘したとおり，当時から割賦賞与金と退職金の区分は明確ではなく，形式的な判定によって両者を区別するしかなかった。

　その後，昭和13年改正によって退職所得は課税対象とされた。退職金を課税対象にするにあたり，三井銀行の引き続き勤務する者に対し，恩給一時金の名義をもって支給された給与に対する所得課税の問題の資料が残っている。本事件は，世論の注目を集めたようで，当時の新聞は数回この件を報道している[24]。そして，本事件から，現状と同様に賞与か退職金かの区別の問題が昭和13年当時からあったことがわかる。本事件を背景に，下記の理由により退職所得は課税対象となった[25]。

　(イ)　退職所得が概して中流以上の所得者に属し担税力を有することは明らかである。
　(ロ)　近年，民間会社等において職員の退職時に多額の賞与を支給するところがますます増加している。
　(ハ)　一時の所得に課税しない現行法において，退職所得のみに課税するのは酷であるとの説があるが，一定額以上の多額なものに対してのみ課税すれば問題ない。

　しかし，その後において，いわゆる5年退職金事件，10年退職金事件が発生しており，また，近年においても適格退職年金制度廃止に伴い取得する一時金について，同様の問題が発生しており，解決されないまま現在に至っている。

Ⅳ　退職所得の計算構造の変遷

　退職所得が課税対象となってからの経緯をみると，退職所得の収入金額から勤続年数に応じて計算した退職所得控除額控除するという措置（以下「退職所得控除額」という。）と，課税標準において所得金額を2分の1に圧縮する措置（以

Ⅲ 一般報告

下「2分の1課税」という。）は，もとは同一のものであったのが，政策上の配慮で重複して適用されることになったことがわかる。

1 「2分の1課税」の原点

昭和13年改正以前，昭和6年に税制整理準備委員会（以下「準備委員会」という。）において，退職金が課税対象とされることがすでに閣議決定されていた。準備委員会に先立ち，昭和3年6月及び昭和6年4月に税務監督局長会議が開催されていた。昭和3年6月の会議で広島税務監督局長から，初めて，一時的な給与について半分程度の税率による課税を行うべきとの提案があり[26]，これが「2分の1課税」の発想の原点と思われる。

2 免税点の根拠

昭和13年の税制改正により，5000円以下までの退職所得は課税対象外とされた。この5000円という免税点の根拠について，昭和15年2月16日に衆議院で開催された「所得税改正法律案外30件委員会」第2回における櫻内国務大臣の発言によると，実情に照らし，5000円は相当に収入があるからとある[27]。

当時の支給状況は，官業の一番多額な例で1140円83銭[28]，軍人は，大尉以上は5000円以上あった[29]。これからすると，労働者の退職金はもともと課税の対象ではなかったことがわかる。

3 免税点が支払者ごとに認められた理由

税制整理準備委員会及び昭和13年税制調査会では，いずれも退職金のうち5000円を超えるものについて課税するとしていたが，条文では支払者ごとに，収入金額から5000円を控除すると規定した。当時源泉分離課税であったことから，支払者ごとの控除が認められたと考えられる。昭和33年2月25日衆議院大蔵委員会での大蔵事務次官亀徳正之は，戦時下において支給される退職手当等は，混乱の中支給されるものであり，支給者の異なるものを名寄せして把握し課税すること自体，困難であったと発言している[30]。

4 「2分の1課税」と退職所得控除額との関係

イ)昭和22年までの動向，ロ)昭和25年改正，ハ)昭和26年改正に区分して，「2分の1」課税と退職所得控除額との関係をみてみると，両者はもともと同一のものであり，現状は重複して適用されていたことがわかる。

イ) **昭和22年改正までの動向** 昭和13年所得税法では，収入金額から5000円を控除するが，「2分の1課税」は行わない。昭和15年から昭和20年までは控除額の増減や税率を上げる改正が行われたのみである。昭和22年の税制改正では，分類所得税及び総合所得税の併用を廃止，簡易な税制に移行する趣旨から総合課税一本立てによる課税制度に改められた。この昭和22年改正で初めて退職所得の収入の2分の1を課税対象とされた。この2分の1に圧縮するという措置は，退職所得控除額の代わりであったことは，昭和22年3月22日衆議院「所得税法を改正する法律外六件委員会」前尾繁三郎政府委員から明確である[31]。従来の収入金額から一定額を控除するという措置は廃止され，代わりに収入金額からその2分の1を控除するという措置に変更した。その際，条文では2分の1相当額とするといった表現にしたため，その後の改正に影響を与えていくことになる。

ロ) **昭和25年改正** シャウプ勧告では，退職所得について，一切控除を認めていなかったが，日本政府は国民感情を考慮して，控除額の設定を要請した。これにより15％の控除が認められることとなった。控除率を15％にした具体的根拠がないことは，昭和25年3月10日衆議院大蔵委員会平田敬一郎政府委員の発言から明らかである[32]。

ハ) **昭和26年改正** 昭和26年改正で，昭和27年1月1日から昭和27年3月31日までに支給される退職手当等について，所得の金額を収入金額から15万円控除した金額の2分の1相当額とし，分離課税の方法により課税されることとなった。「2分の1課税」がとられるようになった理由を，昭和26年10月29日に開催された衆議院大蔵委員会において平田敬一郎は，退職所得が一時的な所得であることから，税負担の平準化を図るためであると説明しながらも，理論的な課税方法としては，改正前の方法が望ましいと述べている[33]。

以上の経緯をまとめると，退職金課税を始める当初は5000円を超えるものに

ついて課税するという趣旨であった。それが，総合課税にともない，2分の1を控除することとなった。それが，条文では，2分の1に相当する金額に圧縮するという表現になった。

戦後には，国民感情を考慮して15％の控除が認められることになった。さらにその後，戦後の行政整理，企業整理に伴い取得する退職手当等について優遇措置を設ける声が高まり，控除のほか，「2分の1課税」も併用されるようになったのである。

おわりに

退職金には，江戸時代の暖簾分けに端を発する恩典的贈与であるものと，明治維新期後の産業の近代化に伴い発祥した労働者の足留め機能を持つものの2種類がある。明治20年所得税法制定当時，退職金が課税対象とされなかったのは，政策的配慮によるものであり，純粋に制限的所得概念の理屈を突き詰めた結果によるものではない。その後，賞与が課税対象に含まれることにより，退職金が節税対策として用いられるようになり，それが顕著化した結果，退職金も課税対象に含まれることとなった。

当初退職金については，一定の免税点を超える部分だけが課税対象とされていたが，総合課税の導入，戦後の大量リストラの影響を受け，一定額の控除と課税標準を2分の1に圧縮する制度が二重に適用されるようになった。

その後，昭和32年より，みなし退職所得の概念が導入され，退職所得控除額の計算についての取り扱いも整備され，現行の課税方法もほぼそれを維持している。

以上のとおり本稿では，退職金制度と退職金課税の起源とその歴史的変遷を当時の史料により辿ってきた。退職金に対する課税制度は常に政策的配慮によって形成されている以上，現在の課税制度が適正であるかどうかを図るためには，税法における退職金課税の概念と，実際に運営されている退職金制度との乖離を認識する必要がある。今後も引き続き，退職金課税制度が現行の制度に至るまでの変遷を辿ることにより，税法における退職金の概念がどのような

背景や思想のもとで形成されてきたものであるのかを再検討したい。そして，退職金制度の運営方法が多様化している現在において，税法における退職所得の概念が，現在，わが国において実際に運営されている退職金制度の概念に適切に対応したものといえるのか，また，両者にどのような乖離があるのかを検討したい。そのことが，税制上種々の優遇措置が設けられている退職金に対する課税制度が，現在の納税者にとって平等な制度として成り立っているのかを検証するために不可欠であると考える。

注
1) 拙稿「適格退職年金の法的性質—在職中の従業員が適格退職年金制度の廃止に伴い取得する一時金の所得区分の検討を中心に」立命法政論集7号（2008）37頁以下参照。
2) 収入税法律案は，伊藤博文に雇い入れられ，当時多数の草案を起草したドイツ人ルードルフによって作成された。収入税法律案は，汐見三郎ほか『各国税制論』（有斐閣，1934）249頁以下で初めて紹介された。
   原文は，国立公文書館デジタルアーカイブにて閲覧可能。
   国立公文書館デジタルアーカイブ〈http://www.digital.archives.go.jp〉最終閲覧日2012年4月18日。
3) 所得税則は，大蔵省が作成し，大蔵卿松方正義から太政大臣三條実美に提出された。所得税則は，阿部勇『日本財政論 租税』（改造社，1933）239頁以下で初めて紹介された。
4) 所得税則修正案は，高橋誠「初期所得税制の形成と構造—日本所得税制史その一」経済志林26巻1号（1958）68頁以下で初めて紹介された。
5) 『松方家文書』マイクロフィルム版資料目録58頁参照。
6) 所得税草案は，大蔵省が作成し内閣に提出されたとされる。『法規分類大全 復刻版第38巻』「租税門 雑税 所得税」（原書房，1978）395頁以下所収。
   所得税法草案の分析は，林健久『日本における租税国家の成立』（東京大学出版会，1965）301頁以下参照。
7) 『元老院會議筆記』後期26巻（元老院会議筆記刊行会，1964）151頁以下参照。
8) 拙稿「退職金課税の起源と変遷」立命館法学321号（2012）112頁参照。
9) 犬飼・前掲注8) 112頁参照。
10) 犬飼・前掲注8) 113頁参照。
11) 黒住章『定年制・退職金・退職年金』（労働旬報社，1966）263頁。
12) 牛米勉「明治20年所得税法導入の歴史的考察」税大論叢56号（2007）453頁。
13) 清永敬次「シャンツの純資産増加説（一）」税学85号9頁。
14) 金子宏「租税法における所得概念の構成（一）」法協83巻9・10合併号（1966）83頁。
15) R. グード（塩崎潤訳）『個人所得税』（今日社，改訂版，1976）196頁。
16) 井上一郎「安井・今村・鍋島による明治20年所得税法逐条解説（資料紹介）」税大論叢23号（1993）510頁。
   このうち下記3文献以外は，国立国会図書館デジタルアーカイブにて閲覧可能。

Ⅲ　一般報告

　　　　高見藤助『鼇頭註解所得税法　全』（1887年 4 月14日発行），樋口文次郎『所得税法同施行規則実用註解』（1887年 6 月発行），蟻川堅治『所得税法註釈同施行規則註釈』（1887年 7 月12日発行）。
17）　詳細は，犬飼・前掲注8)130頁以下参照。
18）　詳細は，犬飼・前掲注8)131頁以下参照。
19）　行判明治33年11月14日（行録41輯 8 頁），行判明治33年11月26日（行録41輯38頁），行判明治33年12月28日（行録42輯95頁）など。
20）　末弘厳太郎「退職手當と退職積立金法案」中央公論昭和10年 9 月号（1935）101頁。
21）　松下傳吉『三井財閥の新研究』（松下傳吉，1936）18頁。
22）　西成田豊『退職金の140年』（青木書店，2009）19頁以下。
23）　氏原正次郎「退職金制度の性格と今後の方向」季刊労働法20号（1956）162頁。ただし，氏原正次郎教授は，強制貯金と恩恵的退職金（暖簾分け）の 2 つが原型としており，雇用者全額負担の満期賞与と暖簾分けの 2 つを原型と考える本稿とは，若干見解を異にする。
24）　昭和11年 6 月30日付朝日新聞東京版「"もらった退職金に課税とは何事だ"」。このほか，昭和10年 8 月15日付朝日新聞東京版の 4 面及び11面でも，この三井銀行の事件を記事にしている。
25）　東京大学経済学部所蔵『戦時税制資料　マイクロ版』 4 巻。犬飼・前掲注8)150頁参照。
26）　大蔵省主税局『昭和 6 年税制整理準備調査概要』（大蔵省主税局，上巻，1931）56頁。
27）　原文は次のとおりである。「五千圓ト云フコトノ標準ニ致シマシタノハ，従来カラノ實情等ヲ考ヘマシテ，五千圓ト云フノハ日本ノ今日ノ實情カラ云ヘバ，相當ニ収入ノアル者ト看做シマシテ，先ヅ五千圓マデヲ一般ノ階級トシ，五千圓以上ハ特ニ相當ノ収額ノアル者，日本ノ現在ノ生活状態カラ言ヘバ餘裕ノアル者，斯様ニ考ヘマシテ，五千圓ヲ一ツノ階級トシタノデアリマス」。
28）　社会局労働部『退職積立金法案要綱及資料』（社会局労働部，1936）26頁以下参照。
29）　石崎吉和他「旧軍における退役軍人支援施策─大正から昭和初期にかけて」戦史研究年報15号（2012）26頁参照。
30）　原文は次のとおりである。「たとえばこれは戦前，またちょうど戦争に関連して，満州なり外地にいろいろ出た事例が多かったわけでございますが，その際に，内地の職場をやめるときに何がしかのものをもらって外地に勤めたとか，あるいは終戦になりまして，何がしかのものをもらって，外地の職場を事実上放棄することになって内地に復職した，こういった場合に，現在の所得税法の考え方によりますと，退職所得を受けたならば，勤続年数は通算しないという考え方を原則的にはとっておるのでございます。
　　　ただ，終戦のどさくさに応じまして，あるいは内地から外地に行く，あるいは外地から内地に帰るというような場合には，必ずしも正規の退職金の支給規定とかいうものでなしに，いろいろ給付を受けた」。
31）　原文は次のとおりである。「大體においてわれわれが一時的所得と考えておりますものは，二年に一邊，三年に一邊というものではなしに，少くも十年二十年に一回というようなものばかりでございます。従いまして，それらを全部總合いたしまして，その年のほかの所得とも總合する代りに，半額だけ控除する」。

32) 原文は次のとおりである。「退職所得につきましては，今回一割五分の控除を認めることにいたしたのであります。シャウプ勧告によりますと，同じ所得であるから全額課税すべきだということになっておるのでありますが，これはやはり給与所得的性質——もちろん給与所得の延長でありまして，給与所得と性質において同じ性質を持っておるものと考えられますので，一割五分の控除を特に認めることといたしたのであります」。

33) 原文は次のとおりである。「二分の一控除して半額に課税するわけでありますが，これはやはり一時にもらう所得であるので，ある年に固まった所得になるわけであります。それに対しまして，年々の所得に対しまする税率をそのまま適用したのでは無理であろうというので，半額を課税所得にしまして，税負担を計算する。しかもこれはなるべく簡単な方法がいいだろうというので，半額にする，こういう方法にいたしたのでございます。りくつ（ママ）から申しますと，二十五年度から実行しました方法，これは捨てがたいものがあると思うのでございますが，今の実際から申しますと，こういう方式の方が，より実情に即しはしないだろうかというので，かような改正にいたすことにいたしたのであります」。

証券化ビークルの課税実態に関する会計的分析

髙 橋 円 香
(明治大学)

はじめに

　不動産証券化のビークルである特別目的会社や不動産投資法人について，租税特別措置法では配当可能利益の90％超を投資家に配当している場合，当該支払配当の全額を損金に算入することが認められている。しかし90％超と規定される中で上場ビークルは，投資家利益の毀損回避を根拠に，当期純利益のほぼ100％を配当として分配しており，その結果これらビークルでは課税所得が存在しないという状況にある。この規定は法人税と所得税との二重課税を回避するための措置であるとされるが，実際にはビークルの租税回避の手段としての役割に重点が置かれた規定ではないかという疑問が生ずる。本稿ではビークル課税における二重課税回避措置に焦点を当て，証券化ビークルの会計的分析によって課税実態に関する問題点を明らかにする。

I　証券化ビークルに係る支払配当損金算入規定

1　不動産証券化とビークル

　本稿の対象事業である不動産証券化についてその概要を述べる。不動産証券化とは，端的に言えば企業等が保有する不動産という資産を利用した資金調達手段である。具体的には，企業等が保有する不動産または不動産から派生する不動産担保債権等の資産に対する継続的関与を維持しながら，当該不動産に対する法的・会計的・税務的支配権の全部または一部を第三者に移転することによって，当該不動産の法的・会計的・税務的オフバランス化を実現すると同時

証券化ビークルの課税実態に関する会計的分析

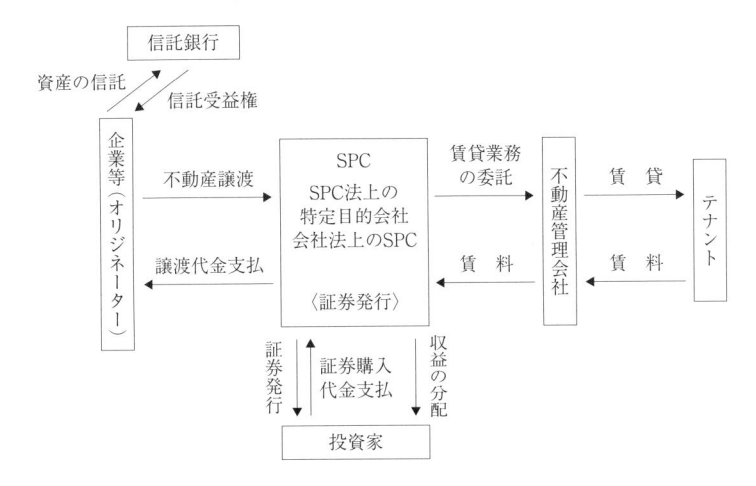

図表 1　資産流動化型不動産証券化

図表 2　資産運用型不動産証券化

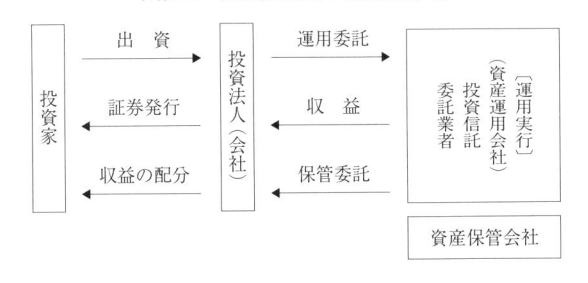

(出所) 図表 1, 図表 2 ともに渡辺晋『[改訂版]これ以上やさしく書けない不動産の証券化』
PHP 研究所, 2003 年, 17 頁。

に, 当該不動産の保有に係る資金調達を有価証券等の発行を通じて行うことである。不動産証券化は企業の信用力ではなく企業が保有する不動産の収益力, すなわち不動産が生み出すキャッシュ・フローを裏付けとするという仕組みから, 新たな資金調達方法として注目を集めた。

不動産証券化はその仕組みから「資産流動化型」と「資産運用型」の 2 つに分類される。資産流動化型は, 企業などの不動産の原所有者 (オリジネーター) が不動産をあらかじめ証券化事業のみを行うよう定められた事業体「特別目的

事業体（Special Purpose Entity——以下 SPE）」へ売却し，SPE が当該不動産のキャッシュ・フロー（運用益）を裏付けに有価証券等の発行を通じて資金調達を行うというものである。一方資産運用型は，あらかじめ投資のみを行うよう設定された投資法人に投資家から資金を集めこれを不動産に投資し，その利益を投資家に配当するというものである。この手法を「不動産投資信託（REIT）」，日本においては「J-REIT」という。

　不動産証券化に利用されるビークルとは，投資家や金融機関から資金を受け入れ，これらの資金によって不動産の取得・保有・処分を行い，当該不動産から得られる収益を投資家等に分配するための法的な主体を指す。代表的なビークルとしては，「資産の流動化に関する法律（以下「SPC法」）」に基づく「特定目的会社（Tokutei Mokuteki Kaisha——以下 TMK）」，「投資信託及び投資法人に関する法律（以下「投信法」）」に基づく「投資法人」，「会社法・有限会社法」に基づく「合同会社・有限会社（有限会社は2005年の会社法の施行により廃止）」が挙げられる。

2　証券化ビークルの支払配当損金算入規定

　不動産証券化におけるビークルである TMK および J-REIT は法人格を有し（SPC法14条，投信法61条）法人税課税の対象である。TMK そして J-REIT 投資法人が含まれる投資法人法上の投資法人からの配当については，配当可能利益の90％超を配当するなど，一定の要件を充たすことによって，投資家に対する配当を損金算入することができるという「支払配当損金算入方式[4]」がとられている（租税特別措置法——以下「租特法」——67条の14, 67条の15）。これが認められる一定の要件は，証券化に供されるビークルであることという「ビークル要件」と課税対象となる事業年度中の事業内容や配当割合等に関する「事業年度要件」に分けられる。TMK および J-REIT 投資法人に係る両要件は次のとおりである。

特定目的会社	
ビークル要件	①　特定目的会社名簿への登載 ②　以下のいずれかに該当するもの

	1）　特定社債の発行が公募であり発行価格の総額が1億円以上 　2）　特定社債が機関投資家のみによって引き受けられたもの 　3）　優先出資が50以上の者によって引き受けられたもの 　4）　優先出資が機関投資家のみによって引き受けられたもの ③　資産流動化計画において，特定社債又は優先出資の発行価額の総額のうちに国内において募集される特定社債又は優先出資の発行価額の占める割合がそれぞれ50％を超える旨の記載又は記録があること ④　会計期間が1年を超えないものであること
事業年度要件	①　資産の流動化に係る業務及びその附帯業務を資産流動化計画に従って行っていること ②　他の業務を営んでいる事実がないこと ③　特定資産を信託財産として信託していること又は当該特定資産の管理及び処分に係る業務を他の者に委託していること ④　当該事業年度終了の時において同族会社でないこと（ビークル要件②の1）又は2）に該当するものを除く。） ⑤　当該事業年度に係る配当等の額の支払額が当該事業年度の配当可能利益の金額の90％に相当する金額を超えていること ⑥　合名会社又は合資会社の無限責任社員となっていないこと ⑦　次に掲げるすべての要件を満たすこと 　1）　資産流動化計画に記載された特定資産以外の資産（資産の流動化に係る業務及びその附帯業務を行うために必要と認められる資産並びに余裕金の運用に係る資産を除く。）を保有していないこと 　2）　特定目的借入を行っている場合には，その特定目的借入が機関投資家からのものであり，かつ，当該特定目的会社に対して特定出資をした者からのものでないこと
投資法人 ビークル要件	①　投資法人の登録 ②　以下のいずれかを満たす 　1）　設立時に発行した投資口公募発行総額が1億円以上 　2）　事業年度終了時に発行済投資口が50人以上に所有又は機関投資家のみに所有されている ③　規約に投資口の募集が50％超国内である旨記載されている ④　会計期間が1年以下である
事業年度要件	①　投信法第63条（能力規定）を遵守している ②　資産運用業務を資産運用会社へ委託している ③　資産保管業務を資産保管会社へ委託している ④　期末に同族会社に該当していないこと ⑤　配当可能利益の90％超の配当支払い ⑥　他法人の株式又は出資の50％以上を保有していないこと ⑦　借入が機関投資家からのみであること

　このように法人側で配当税額が控除されるので，当該TMKやJ-REIT投資法人から配当を受け取った側での配当所得控除は認められていない（租特法9条1項5号）。

図表 3　REIT（日本ビルファンド投資法人）の配当性向

	2008年		2009年		2010年
	前期	後期	前期	後期	前期
当期純利益（百万円）	12,221	12,060	11,801	10,662	9,281
分配総額（百万円）	12,221	12,060	11,802	10,662	9,281
配当性向（％）	99.9	99.9	100.0	100.0	100.0

図表 4　TMK（特定目的会社レオパレス・リート）の配当性向

	2005年度	2006年度	2007年度
当期純利益（千円）	289,440	343,867	253,901
分配総額（千円）	285,235	343,219	251,712
証券所有者への利益の配当	250,000	250,000	250,000
第二優先出資証券の所有者への利益の配当	35,235	93,219	1,712
配当性向（％）	98.5	99.8	99.1

(出所）図表3は，日本ビルファンド投資法人有価証券報告書より作成。図表4は，特定目的会社レオパレス・リート有価証券報告書より作成（配当性向は分配総額／当期純利益×100)。

II　証券化ビークルによる配当の現状

　実際にビークルがどの程度利益を配当として分配しているのかということについて，TMKとして「特定目的会社レオパレス・リート」とJ-REIT投資法人として日本ビルファンド投資法人の分配金額および配当性向についてみてみる。

　両法人ともに当期純利益の99〜100％を配当して分配しており，課税所得が無い状況になっている。租特法上は90％超という規定でありながら，実際にビークルの配当性向をみると100％に近い数字になっている根拠について，不動産証券化事業の業界団体である社団法人不動産証券化協会（THE Association for Real Estate Securitization──以下ARES）は，90％超の配当を「満たした場合でも投資家に配当しない利益が所得として課税されるため，一般に投資法人では利益のほぼ全てを投資家に配当し，課税発生による投資家利益の毀損を回避している」と述べている。[5]

III 支払配当損金算入規定の考察

1 二重課税回避の根拠

内国法人が他の内国法人から配当を受け取った場合には，法人税法上，確定申告書における明細の記載を条件として，原則としてその配当等の全部または一部を益金の額に算入しないこととされている（法人税法23条1，2，3）。そもそも法人税を所得税の前取りとする場合，法人が行う利益の配当はすでに課税された法人所得の分配であり，それを受け取った個人の側で個人所得として課税すると，二重に課税することになるので，これを避けるため個人の段階で一定の割合または一定額を所得から控除する規定が設けられている。つまりシャウプ勧告以来日本の税法上では，「法人税は所得税の前取りである[6]」という考えに基づき，法人と個人での二重課税を回避するため，「①個人の段階で，②配当所得税額控除方式[7]」がとられているのである。

2 ビークルにおける支払配当損金算入規定の根拠

一方，TMK や J-REIT 投資法人については「①法人の側で，②支払配当損金参入方式」が採用されている。このように法人の側で支払配当を損金算入することにより二重課税を回避する方法を「ペイ・スルー」という。日本への不動産証券化導入期に TMK がペイ・スルー型のビークルとなるよう税制改革も行われた結果，SPC 法成立と合わせて租税特別措置法による規定を設けることによってこれを実現した[8]。ではなぜ TMK および J-REIT 投資法人に対し，このような措置がとられているのか。

その根拠は不動産証券化の仕組みから説明できる。不動産証券化は，対象不動産から生ずる経済的便益とリスクを証券の発行を通じ，第三者に移転するものである。つまり証券化において TMK および J-REIT が投資家と不動産をつなぐ導管体としての機能のみが与えられた特殊な事業体であり，証券化対象不動産および投資家から募った投資の「器」に徹しているという特質が存在する。すなわち不動産証券化から生じる利益は，ビークルからの配当を通じて投資家

に帰属することになり、証券化事業による所得は分配を通じ、投資家に帰属し、配当を受け取る側の所得が課税所得となる。ゆえにビークルでは課税せず、配当を受け取る側（投資家等の受取配当）で課税するものと解せられる。不動産証券化の仕組みにおいては、シャウプ勧告における「法人税を所得税の前取り」すなわち法人は個人の集合体であるという法人擬制説が適応されているものと推察される。

しかしながら法人擬制説的な論拠は、「現行法上この理論をもって統一的・首尾一貫した説明を行うことは極めて困難である」[9]という批判や、「法人個人一体説に立脚する考え方を基調としてスタートしたシャウプ税制を原形としたものではあるが、その後、その時々の政策的措置により、いわば便宜的に修正され、変容せしめられ」[10]ているという批判、さらに「法人所得税制の本質は、そのような（引用者注：法人擬制説的仮説、法人実在説的仮説）抽象的な方法論だけによっては十分に解明し得られない限界の存することを指摘しなければならない」[11]といった批判がある。先に推察した不動産証券化の仕組みに基づく二重課税回避についての法人擬制説的な根拠では不十分であるといえる。以下では、不動産証券化の実態から二重課税回避措置の根拠を考察する。

Ⅳ　不動産証券化事業の実態と支払配当損金算入規定

1　不動産証券化事業の実態

まず不動産証券化事業において、資産から生じる経済的便益とリスクのみを投資家に転嫁しているといえるのかということについて考察する。

不動産証券化事業の実態をみると制度上の欠陥が指摘できる。会計基準等では、不完全な倒産隔離を補完するためのSPC連結除外規定[12]。継続的関与の実態がありながらも、完全なオフバランスを実現しようとする対象不動産のオフバランス基準[13]。包括的な情報のみであり、個別具体的な情報が開示されていない非連結SPCに関する情報開示規定[14]、などが挙げられる。

このような不完全な制度の下、不動産証券化事業が営まれているのはなぜか。ひとつは日本への不動産証券化事業の導入には、「不良債権等担保不動産の処

理」という目的があったということが挙げられる。さらに証券化市場が拡大する中,資金調達手段としての役割から,資産のオフバランスを主目的とした「手段的証券化」へと変貌し,同事業に係る諸制度もこの手段的証券化を助長するよう整備されてきたのである。つまり現行制度による不動産証券化事業では,投資家に本来負うべき範囲以上のリスクが転嫁されているといえる。このような不動産証券化事業の実態を踏まえると,すべての経済的便益とリスクの投資家への転嫁を根拠として,法人擬制説的な二重課税回避措置を講ずることは不適当であるといえる。

2 ビークルの独立性

次に不動産証券化ビークルに二重課税回避措置の根拠は成り立つかということについて考察する。不動産証券化はその定義上,証券化対象不動産のみが生み出すキャッシュ・フローに裏付けされた資金調達手段であるため,他の影響から証券化対象不動産を隔離する必要がある。そのため根拠法である SPC 法70条七では,取締役の欠格事由として「資産流動化計画に定められた特定資産の譲渡人（当該譲渡人が法人であるときは,その役員）」を挙げるなど,ビークルの事業内容,資本関係,人事関係等を制限し,その独立性を確保する規定が設けられている。このような措置が根拠法上設けられているということは,不動産証券化においてはビークルの所有と経営は分離しているものと解され,所得税の前取りとしての法人税という法人擬制説的または個人法人一体説的な根拠は成り立たず,むしろ法人実在説が成り立つものといえる。

V 支払配当損金算入規定の意味

このように事業の実態および事業上のビークルの位置づけと,現行の法人擬制説的な二重課税回避措置には乖離が生じているといえる。では実際にこの支払配当損金算入による二重課税回避措置が不動産証券化事業上,どのような位置づけになっているか,ARES による課税に係る要望を取り上げ考察する。

Ⅲ 一般報告

1 ARESからの課税に係る要望

2010年7月13日に ARES から公表された『平成23年度「制度改善要望」および「税制改正要望」』(以下「ARES要望」)の中で，投資法人等への課税に係る要望として「投資法人等において一定程度の内部留保を可能とするため，一定の要件を満たした場合における積立金の損金算入を可能とする措置等の導入」が挙げられている。

その理由として，「投資法人では恒常的に内部留保金が少ない傾向に」あり，諸外国のように財務戦略の柔軟性を高めたり再投資資金を確保することができないこと，「今後も投資法人が経済環境の変化に対応し投資家利益に貢献していくためには，投資法人にも一定の範囲で内部留保を可能とし，LTV（引用者注：不動産の価格に対する社債発行額の割合。）引下げなどの財務体質改善等を行うことを可能とする必要がある。」ことが挙げられている。

こうした要請に対し，当時の国交省副大臣馬淵氏は「Jリートの仕組みに問題意識を持っていた」と語り，利益を手元に残しにくい制度が不動産市場低迷や信用収縮の中でリート経営を圧迫している可能性を指摘した[15]。これを受け，国土交通省の不動産投資市場戦略会議は「分配の安定性確保のために売却益の内部留保を認めるなど，配当の弾力化が必要。[16]」と見解を示しているが，制度見直しの具体的議論は2012年現在なされていない。

2 ARES要望の背景と不動産証券化市場の状況

同要請の背景は世界的金融危機による経営悪化である。不動産証券化市場はサブプライムローンの破綻や，米国大手投資銀行の破綻に端を発する世界的金融危機の影響で，不動産証券化市場への資金の流入が激減した結果，2008年度，証券化対象不動産の資産総額は3兆700億円にまで下落した。同年度の総資産額は過去最高であった2007年度の8兆8800億円に対し，約34.6％まで縮小し，市場の基本形が完成し急激な成長を始めた2003年度の3兆9900億円に対しても76.1％の規模となった。2008年度はJ-REITおよびJ-REIT以外が前年度の約37％に落ち込んでいるが，特に激しかったのはリファイナンスおよび転売の部分であり，前年度比27.3％の6600億円にまで落ち込んでいる。

図表5　不動産証券化の実績の推移

(単位：10億円，件)

	1999年度	2000年度	2001年度	2002年度	2003年度	2004年度	2005年度	2006年度	2007年度	2008年度
Jリート			610	300	680	900	1,770	2,030	1,680	630
Jリート以外	1,167	1,867	2,170	2,240	2,890	3,330	3,990	4,330	4,780	1,780
Jリート以外のうちリファイナンスまたは転売されたもの						420	1,110	1,170	1,910	2,420	660
資産額合計	1,167	1,867	2,780	2,540	3,990	5,340	6,930	8,270	8,880	3,070
件数	74	161	269	343	420	1,119	1,582	1,642	1,523	470

(出所) 国土交通省「平成20年度不動産証券化の実態調査」。

　世界的金融危機および市場崩壊による影響が不動産証券化ビークルに著しくかつ等しく起こっているかどうか，J-REIT投資法人について近時の動向の分析を通じてみていく。図表6は金融危機以後のJ-REIT5法人の当期純利益と一口当たり分配金金額を示したものである。分析の対象は，オフィスビルを主要投資物件とする日本ビルファンド投資法人（以下「日本ビルファンド」），ジャパンリアルエステイト投資法人（以下「ジャパンリアルエステイト」），グローバル・ワン投資法人（以下「グローバル・ワン」），野村證券オフィスファンド投資法人（以下「野村證券オフィスファンド」），大和証券オフィス投資法人（以下「大和証券オフィス」）の5法人である。

　当期純利益の推移をみると，市場崩壊後の2008年度，2009年度前期は，日本ビルファンド，ジャパンリアルエステイト，グローバル・ワン，野村證券オフィスファンドはほぼ横ばいで推移しており，大和証券の2008年度後期が前期比35%と大きく減少している。2010年度前期は日本ビルファンド，ジャパンリアルエステイト，野村證券オフィスファンドが13〜10%減少し，グローバル・ワンおよび大和証券オフィスは前年比60%台と金融危機・市場崩壊によって大きな影響を受けていることがわかる。

　一口当たり分配（配当）総額も市場崩壊以後大和証券が30%程度のペースで減少しており，2010年度には野村オフィスファンドが30%減少している。ほかの3法人はほぼ横ばいか10%程度の減少である。このようにJ-REIT全体に等しく著しく金融危機による市場崩壊の影響が出ているとはいえず，法人ごとに

Ⅲ　一般報告

図表6　J-REIT 5法人の当期純利益及び一口当たり分配金額の推移

年度・期		06・前	06・後	07・前	07・後	08・前	08・後	09・前	09・後	10・前	10・後
日本ビルファンド投資法人	当期純利益(百万円)	7,205	9,851	9,765	10,062	10,225	12,221	12,060	11,801	10,662	9,281
	前期比		136.7%	99.1%	103.0%	101.6%	119.5%	98.7%	97.9%	90.3%	87.0%
	一口当たり分配金額(円)	17,046	19,391	19,224	19,809	20,129	22,549	22,252	21,775	19,672	17,125
	前期比		113.8%	99.1%	103.0%	101.6%	112.0%	98.7%	97.9%	90.3%	87.1%
ジャパンリアルエステイト投資法人	当期純利益(百万円)	5,585	5,976	7,183	7,585	12,945	8,448	8,425	8,504	8,875	8,134
	前期比		107.0%	120.2%	105.6%	170.7%	65.3%	99.7%	100.9%	104.4%	91.7%
	一口当たり分配金額(円)	16,172	17,302	17,521	18,500	29,223	19,072	19,020	19,198	18,043	16,628
	前期比		107.0%	101.3%	105.6%	158.0%	65.3%	99.7%	100.9%	94.0%	92.2%
グローバル・ワン投資法人	当期純利益(百万円)	1,541	1,498	1,464	1,900	5,653	2,130	2,026	1,989	2,022	1,370
	前期比		97.2%	97.7%	129.8%	297.5%	37.7%	95.1%	98.2%	101.7%	67.8%
	一口当たり分配金額(円)	20,180	19,613	19,163	20,053	58,347	21,981	20,917	20,536	20,874	14,141
	前期比		97.2%	97.7%	104.6%	291.0%	37.7%	95.2%	98.2%	101.6%	67.7%
野村証券オフィスファンド投資法人	当期純利益(百万円)	3,596	4,229	4,466	4,486	4,499	5,255	5,392	5,338	5,034	4,479
	前期比		117.6%	105.6%	100.4%	100.3%	116.8%	102.6%	99.0%	94.3%	89.0%
	一口当たり分配金額(円)	15,638	15,905	16,750	16,918	16,923	17,225	17,673	17,496	16,500	14,681
	前期比		101.7%	105.3%	101.0%	100.0%	101.8%	102.6%	99.0%	94.3%	89.0%
大和証券オフィス投資法人	当期純利益(百万円)	1,590	2,019	2,937	4,355	3,951	9,342	3,156	2,709	2,076	1,282
	前期比		127.0%	145.5%	148.3%	90.7%	236.4%	33.8%	85.8%	76.6%	61.8%
	一口当たり分配金額(円)	15,901	20,196	29,374	21,245	19,277	9,179	6,847	6,847	5,246	3,240
	前期比		120.7%	145.4%	72.3%	90.7%	47.6%	74.6%	100.0%	76.6%	61.8%

(出所）各J-REIT投資法人有価証券報告書より作成。なお，J-REIT投資法人は会計期間が6か月とされているため，各年前期・後期での集計とした。

影響の度合いは異なっているのである。

3　ARES要望にみる二重課税回避の位置づけ

　このことから世界的金融危機による市場崩壊の影響が，J-REIT投資法人に全体的かつ等しく著しく出ているとはいえず，法人ごとに影響の度合いは異なっている。すなわち金融危機による経営悪化，そのための内部留保確保という要請がJ-REIT法人の共通事項として成り立っていないといえる。またこのような状況下で要請のとおり損金算入を認めることは，大きな影響を受けるこ

とがなかった J-REIT 法人においては租税回避，優遇税制につながるものと思われる。

さらに ARES 要望にある内部留保のために新たな損金算入の枠組みを創設しつつ利益はすべて配当として分配することと，同じく内部留保のために利益を留保することは，投資家にとってみればどちらも配当に回る利益は減少することになる。また要請によって積み立てられた内部留保を取り崩し，配当として分配することは，現行制度と本質的に変わらないものである。内部留保が積立金によるものか，利益によるものかはビークル側が税金を払うか支払わないかということであり，いずれそれが取り崩され配当されるとしても，課税時点が遅れることになり，その分だけ課税延期が生じ，租税回避，優遇税制につながるものと思われる。

Ⅳ　おわりに

証券化ビークルに対する支払配当損金算入規定における法人擬制説的な二重課税回避は，今日の不動産証券化事業上の問題点から，制度上の不備が指摘できる。不動産証券化事業はオリジネーターのメリットを助長するため，つまり証券化を利用しやすくするための制度であると指摘でき，このような制度の下では，投資家が負うべき範囲以上のリスクが投資家に転嫁されているといえる。そのため，ビークルの独立性やすべての経済的便益とリスクの投資家への転嫁を法人擬制説的な二重課税回避措置の根拠とするには不十分であるといえる。さらに不動産証券化の定義に則るならば，ビークルの所有と経営は分離していなければならず，そうであるならば，法人個人一体説を前提とする二重課税回避措置論理は当てはまらない。

以上のように不動産証券化事業の実態は，本来の定義には当てはまっておらず，本来の定義に立脚した課税制度とは乖離している。このことから二重課税の回避は投資家の利益保護を建前とする，単なる租税回避措置ではないかという疑問が生じる。ARES 協会からの要請も損金算入額の拡大を求めるものであり，同じく租税回避措置の要請に過ぎない。すなわち証券化を行おうとする側

は租税回避を求めているものと解せられる。不動産証券化事業におけるビークル課税の問題点は,「支払配当損金算入」による二重課税回避措置が,実際には投資家保護,特に投資家の利益保護を建前とする租税回避措置となっていることと結論付けられる。

注
1) 平成10年6月15日法律第105号。
2) 昭和26年6月4日法律第198号。
3) 平成17年7月26日法律第86号。
4) 金子宏『租税法』(弘文堂,第12版,2011) 256頁。
5) 社団法人不動産証券化協会「平成23年度『制度改善要望』および『税制改正要望』」(2010年7月) 15頁。
6) 金子宏,前掲書,257頁。
7) 同上書,258頁。
8) 田村幸太郎・片山さつき『不動産証券化のための最新 SPC 法解説』(大成出版社,2000) 4頁以下。
9) 富岡幸雄『税務会計学原理』(中央大学出版部,2003) 1642頁。
10) 同上書,1643頁。
11) 同上書,1654頁以下。
12) 詳しくは,髙橋円香「SPC の連結と倒産隔離」商学研究論集第26号 (2007),383頁以下を参照。
13) 詳しくは,髙橋円香「SPC を利用した不動産証券化における会計測定の諸問題」商学研究論集第31号 (2009) 125頁以下を参照。
14) 詳しくは,髙橋円香「不動産証券化に係る開示制度の動向について」商学研究論集第28号 (2008) 283頁以下を参照。
15) Bloomberg news「国交副大臣:Ｊリート活性化へ制度見直し―「内部留保」焦点に」〈http://www.bloomberg.co.jp/apps/news?pid=90920019&sid=aMRVND_f2FjI〉(最終閲覧日 2011年4月17日)。
16) 国土交通省・不動産投資市場戦略会議「第8回不動産投資市場戦略会議・議事概要」(2010年11月)〈http://www.mlit.go.jp/common/000131526.pdf〉(最終閲覧日 2011年4月17日)。

参考文献
久禮義継編『流動化・証券化の会計と税務』中央経済社,第4版,2008年
社団法人不動産証券化協会編「不動産証券化ハンドブック 2009-2010」2009年

日本租税理論学会規約

〔1989年12月9日　制定〕
〔2002年11月16日　改正〕
〔2011年11月12日　改正〕

第1章　総　則

第1条　本会は，日本租税理論学会（Japan Association of Science of Taxation）と称する。
第2条　本会の事務所は，東京都に置く。

第2章　目的及び事業

第3条　本会は，租税民主主義の理念に立脚し，租税問題を関連諸科学の協力を得て総合的・科学的に研究することを目的とする。
第4条　本会は，前条の目的を達成するために，左の事業を行う。
　1　研究者の連絡及び協力促進
　2　研究会，講演会及び講習会の開催
　3　機関誌その他図書の刊行
　4　外国の学会との連絡及び協力
　5　その他理事会において適当と認めた事業

第3章　会員及び総会

第5条　本会は，租税問題の研究にたずさわる者によって組織される。
第6条　会員になろうとする者は，会員2人の推薦を得て理事会の承認を受けなければならない。
第7条　会員は，総会の定めるところにより，会費を納めなければならない。3年の期間を超えて会費を納めない場合は，当該会員は退会したものとみなす。
第8条　本会は，会員によって構成され，少なくとも毎年1回総会を開催する。

第4章　理事会等

第9条　本会の運営及び会務の執行のために，理事会を置く。
　理事会は，理事長及び若干人の理事をもって構成する。
第10条　理事長は，理事会において互選する。

理事は，総会において互選する。

第11条　理事長及び理事の任期は，3年とする。但し，再任を妨げない。

第12条　理事長は，会務を総理し，本会を代表する。

第12条の2　理事会内に若干人の常任理事で構成する常任理事会を置く。任期は3年とする。但し，再任を妨げない。

第13条　本会に，事務局長を置く。
　事務局長は，理事長が委嘱する。

第14条　本会に，会計及び会務執行の状況を監査するために，若干人の監事を置く。
　監事は，総会において互選し，任期は3年とする。但し，再任を妨げない。

第14条の2　理事会は，本会のために顕著な業績のあった者を，顧問，名誉会員とすることができる。

第5章　会　計

第15条　本会の会計年度は，毎年1月1日に始まり，その年の12月31日に終わるものとする。

第16条　理事長は，毎会計年度の終了後遅滞なく決算報告書を作り，監事の監査を経て総会に提出して，その承認を得なければならない。

第6章　改　正

第17条　本規約を改正するには，総会出席者の3分の2以上の同意を得なければならない。

　　　附　則

第1条　本規約は，1989年12月9日から施行する。

日本租税理論学会役員名簿

[* は常任理事会構成理事]
[○ は名誉教授]

（2013年4月現在）

理　事　長	鶴田　廣巳（関　西　大）	
事 務 局 長	髙沢　修一（大 東 文 化 大）	

理　事

〔財　政　学〕
- 安藤　　実○（静　岡　大）　　岩波　一寛○（中　央　大）
- 植田　和弘（京　　　大）　　内山　　昭（立　命　館　大）
- *梅原　英治（大 阪 経 済 大）　坂野　光俊（立　命　館　大）
- 篠原　正博（中　央　大）　　関野　満夫（中　央　大）
- *髙木　勝一（日　　　大）　　鶴田　廣巳（関　西　大）
- 宮入　興一（愛　知　大）　　宮本　憲一○（大 阪 市 立 大）

〔税　法　学〕
- *阿部　徳幸（関 東 学 院 大）　新井　隆一○（早　　　大）
- 石村　耕治（白　鷗　大）　　伊藤　　悟（札　幌　大）
- 浦野　広明（立　正　大）　　小川　正雄（愛 知 学 院 大）
- *黒川　　功（日　　　大）　　小池　幸造（税　理　士）
- 湖東　京至（税　理　士）　　田中　　治（同 志 社 大）
- 千葉　寛樹（札 幌 学 院 大）　*中村　芳昭（青 山 学 院 大）
- *浪花　健三（立　命　館　大）　水野　武夫（立　命　館　大）
- 望月　　爾（立　命　館　大）

〔税務会計学〕
- 朝倉　洋子（税　理　士）　　浦野　晴夫（元 立 命 館 大）
- 大江　晋也（名 古 屋 経 済 大）　粕谷　幸男（税　理　士）
- *髙沢　修一（大 東 文 化 大）　富岡　幸雄○（中　央　大）
- 中島　茂幸（北 海 商 科 大）　*長島　　弘（自由が丘産能短大）
- 畑山　　紀（札 幌 学 院 大）　山本　守之（千 葉 商 科 大）

| 監　　　事 | 小山　　登（LEC会計大学院） | 小山　廣和（明　治　大） |

事務局所在地　〒175-8571　東京都板橋区高島平1-9-1
大東文化大学経営学部髙沢研究室内
日本租税理論学会
（郵便振替　00110-9-543581　日本租税理論学会）

租税理論研究叢書23

2013年8月31日 初版第1刷発行

税制改革と消費税

編 者　日本租税理論学会

発行者　日本租税理論学会

〒175-8571　東京都板橋区高島平1-9-1
　　　　　大東文化大学経営学部高沢研究室内

発売所　株式会社　法律文化社

〒603-8053　京都市北区上賀茂岩ヶ垣内町71
　　　　　電話 075(791)7131　FAX 075(721)8400
　　　　　URL : http://www.hou-bun.com/

Ⓒ2013 日本租税理論学会 Printed in Japan
印刷：㈱冨山房インターナショナル／製本：㈱藤沢製本
装幀　前田俊平
ISBN 978-4-589-03545-5

租税理論研究叢書

日本租税理論学会編　　　　　　　　　　　　　　各Ａ５判・150〜250頁

17　消費税増税なしでの財政健全化　　●4515円

財政改革が進められるなか，本当に消費税の引き上げは避けられないのか。特定財源の一般化や不当歳出の削減等，応能負担原則に基づく税制の見直しを，これにかわる方策として学会の総力を結集して提言する。

18　グローバリゼーションと税制　　●4620円

法人税減税の財源確保のため，その方策とされる消費税増税。日本の法人税は，本当に高いのか。法人課税・個人所得課税・減価償却制度など税制をめぐる様々な課題についての国際的比較・分析から税制のあるべき姿を説く。

19　税制の新しい潮流と法人税　　●4410円

戦後最大の世界同時不況のもと，国民生活を守るべく，経済危機対策を見据えた税制措置が求められている。各国の税制，国際協調の動きを視野に入れながら，公平かつわが国に適した法人税制の進むべき道を探求する。

20　社会保障と税制　　●3780円

消費税引き上げ論議や最小不幸社会論が喧伝されるなか，これからの日本の社会像にとって不可欠なテーマである社会保障と税制のあり方を検討。年金財源論からベーシック・インカム論まで，総合的に考察する。

21　市民公益税制の検討　　●3885円

税制の改正および公益法人制度改革関連3法による新制度移行にともない，財政学・税法学・税務会計学の3分野から総合的にアプローチする。「税制調査会納税環境整備PT報告書に対する意見書」も採録。

22　大震災と税制　　●4410円

税財政による災害復興制度は，震災被害からの復旧・復興をどのように支え，またどのような課題を抱えているのか。その現状と課題を示し，今後の展望を理論的・実証的に検討する。

表示価格は定価（税込価格）　　　　　10号〜16号のバックナンバーもございます